TRANSFORMEZ
VOTRE STRESS EN VITALITÉ
La voie du Tao

MANTAK CHIA

Transformez votre stress en vitalité

La voie du Tao

Le Sourire Intérieur
Les Six Sons de Guérison
La Méditation de l'Orbite Microcosmique

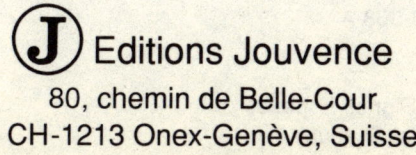

Editions Jouvence
80, chemin de Belle-Cour
CH-1213 Onex-Genève, Suisse

Ouvrages du même auteur aux Editions Healing Tao Books :

Awaken Healing Energy Through the Tao
   (paru en français aux Editions Dangles, Paris,
   sous le titre *Energie vitale et autoguérison*)

Taoist Secrets of Love: Cultivating Male Sexual Energy

Healing Love through the Tao: Cultivating Female Sexual Energy

Chi Self-Massage: The Tao Way of Rejuvenation

Iron Shirt Chi Kung I: Internal Organs Exercice

Bone Marrow Nei Kung: Iron Shirt Chi Kung III

Fusion of the Five Elements I

Titre anglais : *Taoist Ways to Transform Stress into Vitality*
© Copyright 1985 Mantak et Maneewan Chia

© Copyright pour la langue française :
   Editions Jouvence 1990
   ISBN 2-88353-008-4

Mise en pages : Signes Espaces
Couverture : Angel Scaburi

TABLE DES MATIÈRES

Remerciements	9
A propos du Maître Mantak Chia	11
Avertissement	15

1. En quoi consiste le Tao de la Guérison ? 17

- I. Le système — 19
- II. Le taoïsme et les principes de base de la médecine chinoise — 20
- III. La maladie est au début un problème de niveau d'énergie — 21
- IV. Votre meilleur investissement est votre propre santé — 24
- V. Le taoïsme chez soi — 25
- VI. Comment corriger les déséquilibres sexuels — 26
- VII. Le chi, énergie de paix — 27

2. Le Sourire Intérieur 29

- I. Les bénéfices — 31
  - A. Energie négative contre énergie positive — 31
  - B. Sécrétion comparable au miel ou sécrétion empoisonnée — 32
  - C. Apprendre par le Sourire Intérieur — 37
  - D. Le pouvoir personnel par le Sourire Intérieur — 42

- II. Préparation pour le Sourire Intérieur 44
  - A. Attendez après avoir mangé 44
  - B. Choisissez un endroit tranquille 44
  - C. Habillez-vous chaudement 44
  - D. Asseyez-vous confortablement sur la «pointe des fesses» 44
  - E. Placez correctement les jambes et les pieds 45
  - F. Prenez la position correcte 45
  - G. Position des mains 45
  - H. Respirez normalement 45
  - I. Position de la langue 47
- III. La pratique 47
  - A. Faites descendre le sourire dans les organes — la ligne de l'avant du corps 47
  - B. Envoyez le sourire dans le système digestif — la ligne du milieu du corps 53
  - C. Envoyez le sourire le long de la colonne vertébrale — la ligne de l'arrière du corps 55
  - D. Faites aller le sourire de la tête aux pieds 57
  - E. Recueillez l'énergie du sourire au niveau du nombril 61
  - F. La pratique quotidienne 62
  - G. Souriez pour vous libérer de vos émotions négatives 62
  - H. Souriez pour vous libérer de la douleur et de la maladie 63

3. La Méditation de l'Orbite Microcosmique 65

- I. Faites circuler le chi dans l'Orbite Microcosmique 67
- II. L'importance de l'Orbite Microcosmique 69

4. Les Six Sons de Guérison   73

    I. Les bénéfices et la théorie   75
        A. La surchauffe des organes   75
        B. Le système de refroidissement des organes   79
        C. Des sons pour guérir et prévenir   79
        D. Les sensations éprouvées durant le repos   81
        E. Le meilleur contrôle des émotions négatives   81
        F. Comment se libérer de la mauvaise haleine   82
        G. Comment se débarrasser
           des odeurs corporelles   82
        H. Les bâillements et autres manifestations
           physiologiques   84
        I. Votre propre énergie vitale
           est votre meilleur moyen de vous détoxiquer   84
        J. Les larmes et la salive   85
        K. Les sons pour améliorer
           la qualité des mouvements   85

   II. La préparation   87
        A. Soyez précis   87
        B. Renversez la tête en arrière   87
        C. Les sons sont émis subvocalement   87
        D. Pratiquez les exercices dans l'ordre   87
        E. Attendez après avoir mangé   87
        F. Choisissez un endroit tranquille   87
        G. Habillez-vous chaudement   87

  III. La position et la pratique   88
        A. Asseyez-vous sur la «pointe des fesses»   88
        B. Placez correctement les jambes et les pieds   88
        C. Prenez la position correcte   88
        D. Gardez les yeux ouverts   88
        E. Posez les mains sur les cuisses   88

IV. Exercice des poumons : premier son de guérison 89
V. Exercice des reins : deuxième son de guérison 96
VI. Exercice du foie : troisième son de guérison 101
VII. Exercice du cœur : quatrième son de guérison 107
VIII. Exercice de la rate : cinquième son de guérison 112
IX. Exercice du triple réchauffeur :
sixième son de guérison 117
X. La pratique quotidienne 122
   A. Essayez de pratiquer les Six Sons
de Guérison tous les jours 122
   B. Expulsez la chaleur après une
activité physique intense 122
   C. Pratiquez les sons dans le bon ordre 122
   D. Saison, organe et son 123
   E. La prise de contact durant la période
de repos 123

5. La sagesse taoïste dans la vie quotidienne 125

I. Souriez pour vous délivrer du stress 127
II. Réfléchissez avant de parler 128
III. Inquiétez-vous moins et agissez plus 128
IV. Cultivez la puissance du mental 128
V. Contrôlez votre vie sexuelle ;
ne la laissez pas vous contrôler 129
VI. Respectez votre tête ; tenez vos pieds au chaud 129
VII. Tenez votre cou au chaud 130
VIII. Mangez avec sagesse 130
IX. Des excès à éviter 131
X. La joie augmente le chi 132
XI. Soins de santé selon les saisons 132

Remerciements

En premier lieu, je tiens à remercier les maîtres taoïstes qui ont eu la bonté de me transmettre leurs connaissances, sans jamais se douter qu'elles seraient un jour enseignées aux Occidentaux. Merci en particulier à Dena Saxer d'avoir compris l'intérêt de publier ce livre, ainsi que pour ses encouragements et son gros travail sur le manuscrit initial.

Je remercie les nombreuses personnes dont la contribution a été essentielle à la forme finale de ce livre : Dena Saxer, qui a rédigé une partie du texte, dont les instructions de base détaillées, et choisi le titre ; l'artiste Juan Li, qui a consacré de nombreuses heures à dessiner et illustrer les fonctions internes du corps. Gunther Weil, Rylin Malone et nombre de mes étudiants, qui m'ont donné leur avis ; Jo Ann Cutreria, notre secrétaire, qui a pris tant de contacts et travaillé inlassablement ; Daniel Bobek, pour de longues heures devant l'ordinateur ; John-Robert Zielinski, qui nous a aidés avec le nouveau système informatique et a réorganisé les dossiers et les programmes pour accélérer la mise en route ; Helen Stites, qui a préparé la copie et l'a rentrée dans le nouvel ordinateur ; Adam Sacks, notre consultant en informatique, qui nous a aidés à résoudre les problèmes apparus dans les dernières phases de la production ; Valerie Meszaros, qui a amélioré le texte et l'a composé sur le nouvel ordinateur ; et Cathy Umphress pour la maquette. Je remercie en particulier Michael Winn, pour avoir donné au livre une forme correspondant aux Editions

Healing Tao Books ; Felix Morrow, pour ses excellents conseils concernant la production du livre ; et David Miller pour son travail de conception et de contrôle de la production.

Sans ma femme, Maneewan, et mon fils, Max, ce livre n'aurait pas été aussi vivant. Qu'ils reçoivent ma gratitude et mon amour pour tout ce qu'ils m'ont donné.

A propos de Maître Mantak Chia

Le Maître Mantak Chia est le créateur d'un système connu sous le nom de « Healing Tao » (Tao de la Guérison) et il est le directeur-fondateur du *Healing Tao Center* à New York. Il a commencé à étudier la manière de vivre selon le Tao, ainsi que d'autres disciplines, dans son enfance. Sa connaissance du taoïsme, renforcée par celle de divers autres systèmes, lui a permis de développer le système du Tao de la Guérison tel qu'il est enseigné de nos jours dans de nombreuses villes des Etats-Unis, du Canada et d'Europe.

Le Maître Chia est né en Thaïlande en 1944 et, à l'âge de six ans, il apprit à « s'asseoir et calmer son esprit » (c'est-à-dire à méditer) auprès de moines bouddhistes. Lycéen, il apprit d'abord la boxe thaïe traditionnelle, puis le Tai Chi Chuan auprès du Maître Lu, qui ne tarda pas à lui enseigner l'Aïkido, le Yoga et du Tai Chi plus avancé.

Plus tard, étudiant à Hong Kong, il se distingua dans des épreuves de course et d'athlétisme, un camarade plus âgé, Cheng Sue-Sue, lui fit connaître son premier enseignant ésotérique, Maître Yi Eng, et il commença à étudier la manière de vivre selon le Tao. Il apprit à transmettre la force de vie avec ses mains, à faire circuler l'énergie dans l'Orbite Microcosmique, à ouvrir les Six Canaux Spéciaux, la Fusion des Cinq Eléments, l'Illumination du Kan et du Li, à sceller les Cinq Organes des Sens, la Réunion du Ciel et de la Terre, l'Union de l'Homme et du Ciel.

A vingt ans, Maître Chia étudia avec Maître Meugi à Singapour, qui lui enseigna le Kundalini Yoga et la Paume bouddhiste. Il fut bientôt capable de supprimer les blocages au courant de l'énergie de la force vitale dans son propre corps comme dans celui des patients de son Maître.

Approchant de la trentaine, il étudia avec Maître Pan Yu, dont le système combinait les enseignements taoïstes, bouddhistes et zen, ainsi qu'avec Maître Cheng Yao-Lun, dont le système alliait la boxe thaïe et le Kung Fu. Avec Maître Pan Yu, il apprit l'échange du pouvoir du Yin et du Yang entre les hommes et les femmes, ainsi que la technique du « corps de fer », qui préserve le corps du vieillissement. Maître Cheng Yao-Lun lui enseigna la Méthode secrète du Pouvoir Intérieur Shao-Lin et la méthode encore plus secrète de la Chemise de Fer, appelée aussi Purification de la Moelle et Régénération des Tendons.

Ensuite, Maître Chia étudia pendant deux ans la science médicale occidentale et l'anatomie afin de mieux comprendre les mécanismes sous-jacents à l'énergie de guérison. Tout en poursuivant ses études, il dirigea la Société Gestetner (fabrication de matériel de bureau) et se familiarisa avec la technologie de l'impression offset et des appareils de photocopie.

Utilisant sa connaissance du système complet du taoïsme comme base, sur laquelle il construisit avec ses autres connaissances, il élabora le système du Tao de la Guérison et commença à l'enseigner. Il forma ensuite des enseignants pour l'assister et, plus tard, mit sur pied le Centre de Guérison par des Méthodes Naturelles en Thaïlande. Cinq ans plus tard, il décida de partir pour New York afin d'introduire son système en Occident et, en 1979, il y ouvrit le Healing Tao Center. Depuis lors, des centres ont été créés dans plusieurs autres villes dont Boston,

Philadelphie, Denver, Seattle, San Francisco, Los Angeles, San Diego, Tucson, Toronto, Londres, Bonn, Francfort, Munich et Zurich pour n'en citer que quelques-uns.

Maître Chia mène une vie tranquille avec son épouse Maneewan, qui enseigne les Cinq Elements Taoïstes de la Nutrition au Centre de New York, et leur jeune fils. C'est un homme chaleureux, cordial et serviable, qui se considère essentiellement comme un enseignant. Il se sert d'un ordinateur pour écrire ses livres et se sent aussi à l'aise avec la technologie informatique la plus récente qu'avec les philosophies ésotériques. Il est en train de rédiger une encyclopédie de Yoga taoïste et a déjà publié plusieurs livres, dont notamment en 1983 *Awaken Healing Energy Through The Tao*, paru aux Editions Dangles, sous le titre *Energie vitale et autoguérison*, en 1984, *Taoist Secrets of Love: Cultivating Male Sexual Energy*, et *Chi Self-Massage: The Tao Way of Rejuvenation*, à paraître aux Editions Jouvence.

Avertissement

Ce livre ne propose ni diagnostics ni suggestions de traitement. Il vous donne des techniques pour accroître votre vitalité et votre santé afin de corriger les déséquilibres dans votre organisme. En cas de maladie, il est nécessaire de consulter un médecin.

1

En quoi consiste le Tao de la Guérison ?

I. Le système

Le Tao de la Guérison est une autométhode pour traiter et prévenir la maladie et le stress, et pour renforcer tous les aspects de la vie. Son concept clé est l'accroissement de l'énergie vitale, ou chi, grâce à des techniques et des exercices physiques faciles. Cette énergie de la force vitale est ainsi dirigée le long des méridiens d'acupuncture du corps et elle apporte santé, vitalité, équilibre émotionnel et expression créatrice et spirituelle.

Ce système pratique est accessible à tous. Le Tao de la Guérison constitue la forme moderne de pratiques taoïstes séculaires. Dans le passé, la plupart n'étaient connues que d'un groupe d'élite de maîtres taoïstes et d'étudiants triés sur le volet. J'ai organisé ces techniques puissantes en un système global que j'ai commencé à enseigner au grand public dans mon pays natal, la Thaïlande, en 1973. En 1978, j'ai introduit ce système dans le monde occidental. Par la suite, j'ai ouvert le Healing Tao Center à New York, où j'ai commencé à enseigner ces techniques. A l'heure actuelle, nous enseignons notre système dans plusieurs villes des Etats-Unis et d'Europe. Bien que spirituel à la base, le Tao de la Guérison n'est pas une religion. Il est compatible avec toutes les religions, mais aussi avec l'agnosticisme et l'athéisme. Il n'y a ni rituels à suivre, ni soumission à des gourous. Le Maître et l'Enseignant sont hautement respectés, mais non déifiés.

Ce livre présente les techniques de base correspondant au niveau 1 du système :

1. Le Sourire Intérieur et
2. Les Six Sons de Guérison.

Le système dans son entier comprend trois niveaux :

— Le niveau 1 est consacré à l'énergie de guérison, et à fortifier et calmer le corps.

— Le niveau 2 est consacré à la transformation des émotions négatives en énergie forte et positive ; et

— Le niveau 3 traite de pratiques créatrices et spirituelles.

II. Le taoïsme et les principes de base de la médecine chinoise

Le taoïsme, qui remonte à 5000-8000 ans, est le fondement de la philosophie et de la médecine chinoise. Il est aussi à l'origine de l'acupuncture et a inspiré des thérapies physiques modernes telles que l'acupressure, le rolfing et la méthode Feldenkrais. Le Tao a été décrit comme « loi naturelle » ou « ordre naturel », ou encore comme « le cycle toujours changeant des saisons », « un art », « une méthode » et « un chemin de vie ».

Selon la conception taoïste, l'harmonie et l'équilibre sont essentiels à la santé. Le corps est considéré comme un tout ; par conséquent, le stress ou le dommage causé à un organe, glande ou système, affaiblit le système dans son entier. Le corps est aussi capable d'autorégulation et, si on le lui permet, reviendra naturellement à l'équilibre.

La maladie a pour cause un blocage d'énergie. Trop ou trop peu d'énergie dans une région du corps produit la maladie dans cette région et stresse l'ensemble du corps. Le Tao de la Guérison nous apprend comment corriger ce déséquilibre en éveillant le chi, ou énergie vitale, et en le dirigeant dans les zones qui en ont besoin.

Le système taoïste relie chaque organe à l'un des cinq éléments de la nature : le métal, l'eau, le bois, le feu ou la terre. Il le relie aussi à une saison de l'année, une couleur et à une qualité de la nature (par exemple, humide, sec, venteux, etc.). Cette relation décrit souvent les caractéristiques de l'organe en question. Par exemple, le cœur correspond à l'été, au feu et au rouge ; un cœur en bonne santé est associé à l'excitation et à la chaleur. La saison liée à un organe est celle au cours de laquelle il est dominant ou travaille le plus.

Le corps, le mental et l'esprit sont totalement intégrés dans la conception taoïste. De ce fait, la médecine chinoise estime que des émotions négatives comme la colère, la peur ou la cruauté, ainsi que des émotions positives excessives, comme trop de joie ou d'excitation, peuvent endommager les organes qui leur sont associés et produire la maladie. Le Sourire Intérieur, ainsi que les Six Sons de Guérison (dont traite ce livre) aident à équilibrer les émotions et à améliorer la santé.

III. La maladie est au début un problème de niveau d'énergie

Un monde de stress

Un problème peut exister pendant de nombreuses années avant de se manifester sous forme de maladie. Il peut apparaître comme un blocage ou une diminution du niveau d'énergie chi, conduisant à un déséquilibre du chi dans certaines régions ou certains organes du corps. Si nous prenons conscience du déséquilibre du chi au moment où il se produit, nous bénéficions d'une longue période de grâce pour le corriger.

Pour beaucoup de gens, la mauvaise humeur ou les émotions négatives ne sont pas des maladies. Dans le taoïsme, nous les considérons comme le début du déséquilibre de l'énergie chi dans le système, exactement comme une mauvaise haleine ou une odeur corporelle peuvent être les signes avant-coureurs d'une faiblesse ou d'une maladie du foie, des reins ou de l'estomac.

L'entêtement peut être causé par un déséquilibre de l'énergie du cœur. La sueur malodorante est provoquée par une dysfonction des reins, qui ont perdu leur pouvoir filtrant pour éliminer l'excès d'eau dans les fluides corporels. La lâcheté et la peur, dues à un déséquilibre de l'énergie des poumons ou des reins. Les douleurs dorsales, à un déséquilibre des reins ou de la vessie et ainsi, nombre d'autres mauvaises attitudes et maux physiques peuvent être reliés à un déséquilibre de l'énergie chi dans diverses régions du corps.

Etant donné notre mode de vie actuel, notre attachement au monde matériel augmente et nous sommes de plus en plus attirés par des choses matérielles telles que drogues de toutes sortes, loisirs, services et nourritures dénaturées. Plus nous avons le sentiment de devoir posséder ceci et acheter cela et plus nous sommes sujets à des soucis et à des émotions mélangées. Nous pouvons nous délivrer de ces émotions en nous libérant de notre attachement à ces choses matérielles.

Conserver, accroître et transformer le chi devrait être la méthode de prévention à pratiquer en premier ou comme méthode de base. Une personne qui a été victime d'une crise cardiaque peut utiliser cette méthode pour en éviter une deuxième. Elle permet aussi d'empêcher qu'un problème de dos ou de reins n'empire. Les techniques de prévention de base commencent au niveau du chi. Dans le système taoïste, nous établissons la carte de tous les méridiens d'énergie organique qui forment un réseau dans tout le corps à partir des organes. En cas de blocage ou d'affaiblissement, les organes sont les parties qui recevront le moins de force vitale et retiendront le mauvais chi (c'est-à-dire le chi correspondant à de l'énergie malade dans les organes ou les méridiens). Si nous ne sommes pas en contact avec notre moi intérieur, il nous est en général très difficile de remarquer des modifications internes. Lorsque nous savons conserver, transformer et accroître le chi, nous en avons davantage à notre disposition pour défaire les blocages, stimuler les pouvoirs de défense du corps et prévenir la maladie. Nous pouvons vivre heureux et en bonne santé comme nous le souhaitons, et garder cette santé au fils des ans ; nous pouvons mener une existence qui ne nous conduit pas d'une maladie à l'autre, mais nous offre au contraire une vitalité permanente et l'envie (le désir) de vivre.

Le système taoïste possède les moyens de vous aider à vivre en bonne santé, exempt de toute maladie et bénéficiant d'une vitalité qui vous permet de vous rendre utile à autrui. Nombre de mes étudiants ont renoncé très facilement au café, à la boisson, aux drogues de toutes sortes et à certains types de loisirs « indispensables » à partir du moment où ils ont commencé à travailler sur eux-mêmes pour satisfaire les besoins de leurs organes et de leurs sens et, de ce fait, les fortifier.

L'un de mes étudiants dirigeait, à une certaine époque, beaucoup d'ouvriers, ce qui lui donnait du pouvoir sur de nombreuses personnes. Toutefois, il était très endetté car, malgré lui, il cumulait les dépenses. Il vint finalement me trouver pour m'exposer son problème. Je lui expliquai que le stress et l'énergie émotionnelle provoquaient des blocages dus à des déséquilibres énergétiques de ses organes. S'il parvenait à fortifier ses organes et ses sens, et à accroître la circulation dans son corps, il allait voir le monde sous un autre angle. Après avoir mené à bien la Méditation de l'Orbite Microcosmique et pratiqué les Six Sons de Guérison, le Sourire Intérieur et le Tao du Rajeunissement, il vint me voir et me dit :

— Maître Chia, je pars pour de longues vacances.

— Que vous est-il arrivé ? lui demandai-je. Il me répondit qu'il avait vendu son usine, payé toutes ses dettes et qu'il lui restait encore quelques milliers de dollars.

— Je veux me reposer, approfondir la pratique de ce que vous m'avez enseigné et revenir prendre un nouveau départ, m'expliqua-t-il. Son visage exprimait un changement considérable.

IV. Votre meilleur investissement est votre propre santé

Beaucoup de gens mettent toute leur force vitale à gagner de l'argent, jusqu'au moment où leur vitalité décline et où la maladie se déclare. Ils doivent alors dépenser toujours plus d'argent en frais d'hôpital, chirurgie et traitements et, pour finir, passent la majeure partie de leur temps malades.

De nombreuses personnes disent : « Je n'ai pas le temps de pratiquer. Mes journées sont remplies par les rendez-vous, le travail, les réunions, les études et les enfants. » Si vous pouvez améliorer votre niveau d'énergie mental, physique et spirituel, vous aurez l'esprit plus clair, vous serez en meilleure forme, il vous faudra en général moins de temps pour effectuer votre travail et vous connaîtrez plus de calme émotionnel.

Le plupart de mes étudiants ont le même problème : il leur est difficile de trouver du temps pour pratiquer la Méditation de l'Orbite Microcosmique, les Six Sons de Guérison, le Sourire Intérieur, le Tao du Rajeunissement (à paraître prochainement aux Editions Jouvence), le Tai Chi Chi Kung, le Corps de Fer et la Fusion des Cinq Eléments. L'apprentissage nécessite du temps, mais ensuite, ces pratiques font partie de votre vie. Par exemple, vous pouvez pratiquer le Sourire Intérieur pendant que vous êtes dans une file d'attente. Nous passons beaucoup de temps chaque jour à attendre et vous pouvez apprendre à utiliser ces moments pour pratiquer.

Après avoir commencé à étudier ce système, nombre de mes étudiants dorment et mangent sensiblement moins, ce qui leur donne pour finir plus de temps pour pratiquer. Selon mes connaissances et mon expérience, si une personne peut investir quotidiennement de 30 à 60 minutes pour sa santé, elle y gagnera entre 1 et 4 heures et sera capable de faire plus de choses en moins de temps. En conséquence, elle disposera de plus de temps pour entreprendre davantage.

V. Le taoïsme chez soi

Les taoïstes ne considèrent pas les caractéristiques ou qualités personnelles divergentes de l'époux et de l'épouse comme les sources principales du malheur dans une famille. Il est naturel pour les opposés de s'attirer. Le plus important est que chacun comprenne l'autre, connaisse ses points forts et l'aide à surmonter ses points faibles.

Avant de pouvoir comprendre l'autre, vous devez vous comprendre vous-même. La meilleure façon d'y parvenir est d'entrer en contact avec vos organes au moyen du système interne et des sens. Il vous est alors possible de fortifier vos organes afin de transformer l'énergie négative et de cultiver des émotions et des valeurs positives.

Les émotions négatives constituent les causes majeurs des déséquilibres dans le corps. L'existence d'énergie négative chez un membre d'une famille provoquera des émotions négatives chez les autres membres et perturbera l'équilibre énergétique de la famille toute entière.

VI. Comment corriger les déséquilibres sexuels

Un autre facteur d'effondrement de la famille est un déséquilibre dans la vie sexuelle du couple. Une bonne vitalité constitue la source majeure de l'énergie sexuelle. Les organes et les glandes sont les sources principales de l'énergie sexuelle et, par conséquent, des organes et des glandes en bonne santé accroîtront le bonheur de la vie sexuelle d'un couple. Une existence soumise au stress, à la pollution et à tous les impératifs qui gouvernent notre vie sociale prive les gens de l'énergie de leurs organes et de leur sexualité. Cela les amème à la dépression et à l'épuisement de leur vitalité et de leur énergie sexuelle et, par voie de conséquence, à des problèmes psychologiques et conjugaux. Ces problèmes peuvent provoquer des faiblesses musculaires, telle l'impuissance (érection inadéquate) chez les hommes, et un manque de tonus musculaire des organes sexuels chez les femmes. Pour un couple, la question est comment accroître et transformer son énergie sexuelle et, dans ce but, comment remédier aux problèmes physiologiques des organes sexuels. Dans ce livre, nous traitons directement des moyens de fortifier les organes internes et les sens.

VII. Le chi, énergie de paix

L'équilibre du chi, énergie de paix, chez une personne n'est pas sans importance, car elle peut aider à équilibrer le chi chez une autre personne proche. Tout ce qui est trop extrême causera un déséquilibre de l'énergie chi et compromettra la paix. Cinq genres de paix sont nécessaires dans une famille :

> la paix de l'esprit,
> la paix du cœur,
> la paix du corps,
> la paix des organes et
> la paix des sens.

Selon le taoïsme, un excès de bruit endommagera les oreilles et les organes associés, dont les reins et la vessie, provoquant de la peur et troublant la paix. Un excès de boisson ou de nourriture nuira à la rate et, indirectement, au foie, ce qui donnera colère et mauvaise humeur, et perturbera la paix familiale. Trop de télévision ou de cinéma nuira aux yeux, ce qui sera aussi nocif pour le foie et la vésicule biliaire et causera une perte d'énergie, un affaiblissement de la vitalité de tout le corps. Trop d'exercice ou de travail nuira aux tendons. Des soucis en excès attaqueront le système nerveux.

Une faiblesse des organes, des sens ou des nerfs peut être à l'origine de particularités individuelles déplaisantes ou de mauvaises habitudes qui, avec le temps, causeront des problèmes à l'ensemble de la famille. En comprenant les sources des problèmes et en pratiquant le Sourire Intérieur, les Six Sons de Guérison et les exercices et les méditations du Tao du Rajeunissement, il est possible de traiter le déséquilibre de l'énergie chi et la faiblesse des organes. Il est important de comprendre les problèmes et d'utiliser les techniques taoïstes pour aider les membres de la famille à les surmonter, afin d'éviter des troubles plus graves. Une pratique en commun permet d'échanger les énergies des membres de la famille et de les équilibrer dans une unité familiale. Quand l'un des membres de la famille tombe malade du fait du stress ou d'une énergie émotionnelle négative, les autres peuvent aider à rééquilibrer cette énergie avant que d'autres problèmes n'apparaissent.

2

Le Sourire Intérieur

I. Les bénéfices

A. Energie négative contre énergie positive

Pour le taoïsme, les émotions négatives constituent une mauvaise énergie. Nombre de gens passent leur vie dans la colère, la tristesse, la dépression, la peur, l'inquiétude ou d'autres formes d'énergie négative. Ces types d'énergie provoquent inévitablement des maladies chroniques et dissipent notre force de vie essentielle.

Le Sourire Intérieur est le sourire véritable, destiné à toutes les parties du corps, y compris aux organes, aux glandes et aux muscles, ainsi qu'au système nerveux. Il produira une énergie très positive, capable de guérir et, en définitive, de se transformer en une énergie encore plus positive (figure SI 1).

Un sourire authentique véhicule une énergie d'amour, qui a le pouvoir de réchauffer et de guérir. Rappelez-vous seulement une occasion où vous étiez bouleversé ou physiquement malade ; quelqu'un, peut-être un inconnu, vous a adressé un grand sourire ... et soudain, vous vous êtes senti mieux. Norman Cousins, ex-éditeur de Saturday Review, écrit dans *La Volonté de guérir* qu'il s'est guéri d'une maladie rare des tissus conjonctifs en regardant de vieux films des Marx Brothers. L'une de mes étudiantes s'est guérie d'un cancer du sein en pratiquant continuellement le Sourire Intérieur pour la partie malade de son corps.

Dans la Chine ancienne, les maîtres taoïstes reconnaissaient le pouvoir de l'énergie du sourire. Ils pratiquaient le Sourire Intérieur pour eux-mêmes, ce qui faisait circuler l'énergie chi et produisait un chi bienfaisant, qui leur apportait santé, bonheur et longévité. Se sourire à soi-même équivaut à baigner dans l'amour, et l'amour a le pouvoir de réparer et de rajeunir.

Le Sourire Intérieur envoie l'énergie du sourire dans les organes et les glandes qui sont si essentiels pour notre vie. Curieusement, alors que nous accordons souvent beaucoup d'attention à notre apparence extérieure, peu d'entre nous connaissent l'aspect des organes internes et des glandes, leur localisation et leurs fonctions. Plus grave encore, nous sommes sourds aux avertissements subtils qu'ils nous envoient quand nous les malmenons avec de mauvais régimes et des modes de vie malsains. Nous ressemblons à un patron qui ne s'occupe jamais de ses employés et se montre surpris quand les choses vont mal. Si nous sommes familiarisés avec nos organes et nos glandes, si nous apprécions leur travail et apprenons à entendre leurs messages, ils nous en remercieront en nous donnant détente et vitalité.

B. Sécrétion comparable au miel ou sécrétion empoisonnée

Le Sourire Intérieur est extrêmement efficace pour neutraliser les stress de la vie. Dans notre société actuelle, des millions sont dépensés rien que pour trouver comment se libérer du stress. Souvent, les remèdes ne procurent qu'un soulagement partiel et temporaire.

Le Sourire Intérieur accroîtra l'activité du thymus, glande à laquelle il est étroitement lié. Dans le système taoïste, le thymus est le siège de l'illumination supérieure, le siège de l'amour et de l'énergie chi, force vitale. Lorsque nous sommes sous l'effet d'un stress émotionnel, le thymus est le premier touché. Dans le livre *Your Body doesn't lie*

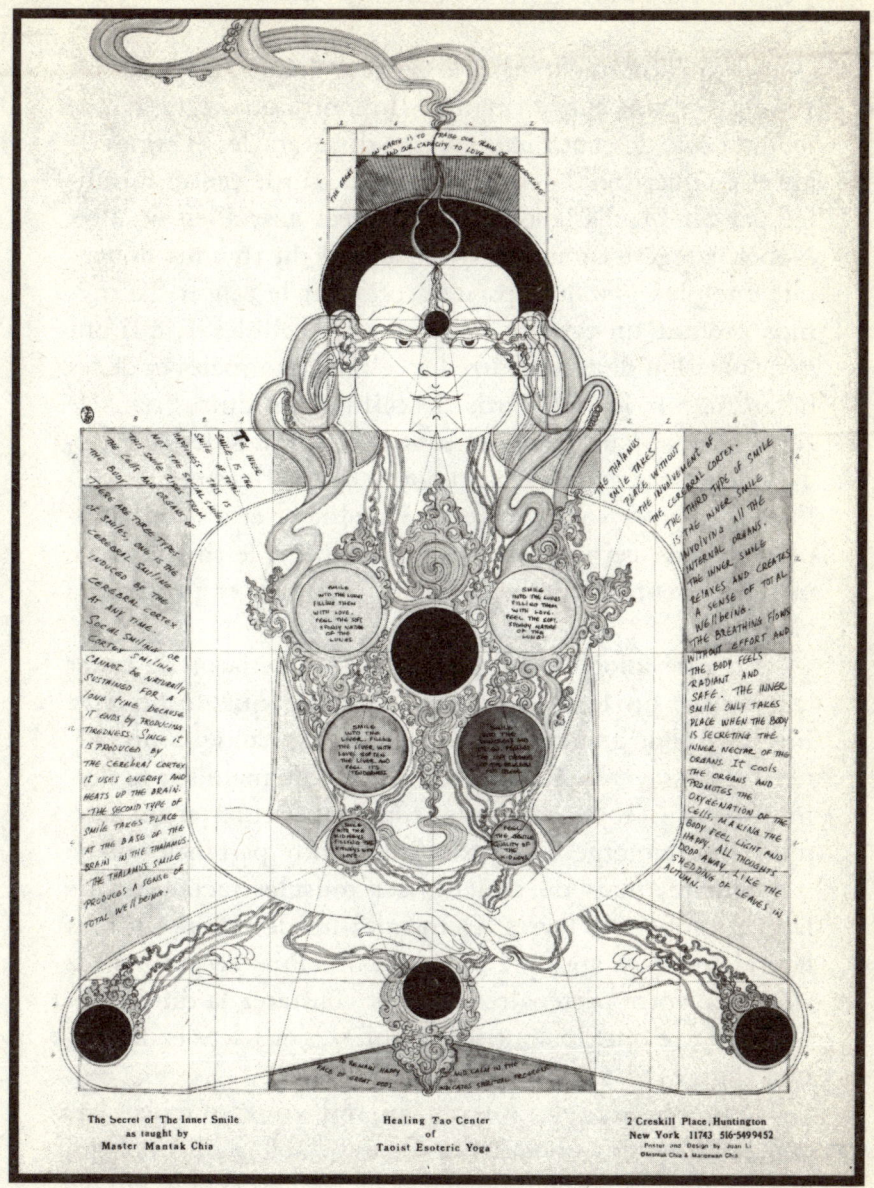

FIGURE SI 1

Le Sourire Intérieur vous aidera à avoir plus d'énergie chi, et de bonne qualité.

(Votre corps ne ment pas), le docteur John Diamond présente une étude sur le thymus. Il montre que cette glande joue un rôle de contrôleur en chef dirigeant les énergies de vie et de guérison du corps. La théorie sur le cancer formulée par Sir MacFarlane Burner, lauréat australien du Prix Nobel, suggère qu'une activité accrue du thymus donnerait une plus grande capacité à prévenir le cancer. Le thymus produit un type de cellules dites cellules-T, qui ont pour fonction de reconnaître les cellules anormales et de les détruire. Sur les milliards de cellules produites dans le corps chaque jour, certaines sont anormales. Si les cellules-T ne sont pas activées par l'hormone du thymus, les cellules anormales vont continuer à proliférer et à se développer en un cancer clinique. Par conséquent, le thymus joue un rôle essentiel dans le prévention du cancer pendant la vie adulte.

En kinésiologie appliquée, il existe une façon de tester la vitalité ou la faiblesse du thymus que le Sourire Intérieur peut grandement influencer. Demandez à un partenaire d'essayer de faire ce test. Mettez la main sur le thymus, situé à l'intersection des côtes supérieures et du sternum, sous la gorge. D'abord, dites à votre partenaire de ne pas sourire, mais de relâcher ses muscles faciaux et de laisser tomber ses lèvres. Demandez-lui de tendre un bras latéralement et appuyez sur sa main. Puis recommencez alors que votre partenaire sourit et constatez la différence. Cela montre que, lorsque vous souriez, vous activez le thymus (figures SI 3 et SI 4).

Selon les sages taoïstes, quand vous souriez, vos organes émettent une sécrétion comparable à du miel qui nourrit tout le corps. Lorsque vous êtes en colère, effrayé ou stressé, ils produisent une sécrétion empoisonnée qui bloque les canaux d'énergie, stagne dans les organes et

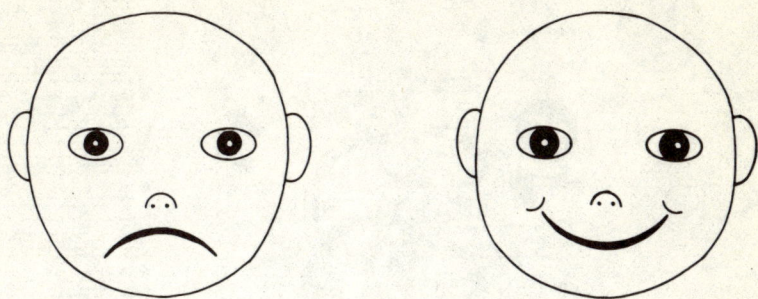

FIGURES SI 3 ET 4

cause perte d'appétit, indigestion, montée de la tension artérielle, accélération des battements cardiaques, insomnie et émotions négatives. Lorsque le sourire descend dans vos organes, il les amène aussi à se dilater, à s'assouplir et s'humidifier, ce qui les rend plus efficaces. Ainsi, par exemple, le foie a davantage de place pour stocker des nutriments et épurer des substances nocives.

La pratique de Sourire Intérieur commence avec les yeux. Ils sont en liaison avec le système nerveux autonome, qui régule l'action des organes et des glandes. Les yeux sont les premiers à recevoir des signaux émotionnels et à provoquer une accélération dans les organes et les glandes en des moments de stress ou de danger (réaction de combat ou de fuite), puis à ramener le calme quand la crise est passée. Idéalement, les yeux maintiennent un niveau de réactivité calme et équilibré. De ce fait, en relaxant simplement vos yeux, vous pouvez relaxer tout votre corps et libérer ainsi votre énergie pour ce que vous avez à faire.

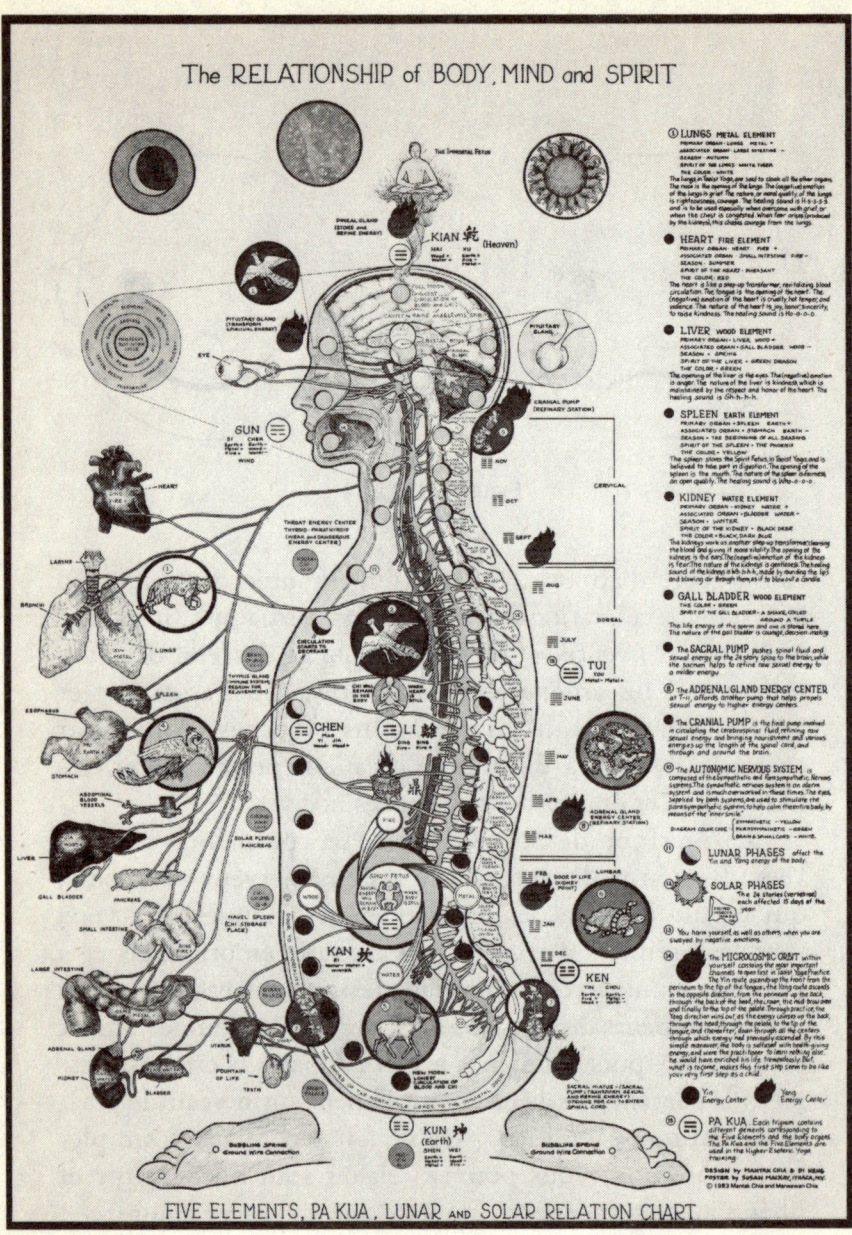

FIGURE SI 5

Les yeux sont liés au système nerveux autonome.

C. Apprendre par le Sourire Intérieur

Quand vous êtes stressé, très perturbé émotionnellement ou quand la colère ou la peur dominent votre vie, vos organes s'obstruent et vos capacités diminuent. Une grande quantité d'énergie vous étant prise, vous êtes abattu, vous perdez en vivacité et en légèreté. Vous êtes gêné pour accueillir ou développer des idées nouvelles et, si vous essayez de vous forcer à apprendre, vous ne retiendrez en principe pas les notions en question et vous ne réussirez pas à les intégrer. Dans le système du Tao, nous pensons que nos organes, nos sens et les parties de notre corps sont impliquées dans le processus d'apprentissage.

Lorsque vous envoyez votre sourire dans vos organes, sens et glandes, vous établissez un lien et une bonne communication avec eux.

Lorsque vous êtes sous l'empire du stress ou de la peur, tous vos organes et tous vos sens sont fermés. Par exemple, si quelqu'un vous est antipathique, votre corps n'a pas envie d'accepter cette personne et, de ce fait, il ne peut pas accepter son enseignement et ses idées.

1. Les sources principales de l'énergie auditive

Les sources principales de l'énergie auditive sont les reins et l'organe qui leur est associé, la vessie. Par exemple, lorsque les reins fonctionnent bien, vous êtes plus vif et, par conséquent, capable d'apprendre. Les reins sont liés aux ouvertures des oreilles. Le sens de l'audition — l'ouïe — est très important pour apprendre. Des reins en bon état accroîtront votre acuité auditive, qui renforcera votre capacité d'apprendre.

La vessie aide à l'élimination des fluides toxiques, ce qui nettoie le sang et facilite l'écoulement des liquides. Un problème de vessie affectera la fonction rénale.

2. Les sources principales du pouvoir d'élocution

Les sources principales du pouvoir d'élocution sont le cœur et l'organe qui lui est associé, l'intestin grêle. Le cœur est le siège de l'envie d'apprendre et de la joie. Sans envie, ni désir, apprendre sera difficile. Le secret de l'apprentissage réside dans la joie, le plaisir et le bonheur. Lorsque les trois seront présents, votre corps accueillera en lui ce que vous apprendrez. Quand vous éprouvez du respect, le cœur est ouvert. La langue est reliée au cœur et quand cette connexion fonctionne, vous pouvez commencer à accepter et à programmer votre esprit en détail, afin d'assimiler dans l'ordre ce que vous avez appris.

L'intestin grêle vous aide à assimiler. Lorsqu'il a des problèmes, les fonctions cardiaques en sont affectées. Bien souvent, pour apprendre de nouvelles choses, il nous faut le temps de les assimiler dans notre organisme.

3. Les sources principales de l'énergie visuelle

Les sources principales de l'énergie visuelle sont le foie et l'organe qui lui est associé, la vésicule biliaire. Lorsque le foie fonctionne bien, vous êtes capable de vous affirmer davantage, de prendre plus de décisions et d'intégrer ce que vous apprenez. Les yeux sont l'ouverture correspondant au foie. Lorsqu'il est faible ou malade, ou si vous êtes stressé ou en colère, vous n'êtes pas capable de prendre de décisions et votre vision est altérée, d'où une difficulté à programmer dans votre esprit ce que vous voyez et à intégrer ce que vous apprenez.

Il faut aussi compter avec une vésicule biliaire saine pour vous aider à prendre des décisions.

4. Les sources principales de l'énergie de gestation

Les sources principales de l'énergie de gestation sont la rate et l'estomac. La rate nourrit l'aptitude bénéfique à la réceptivité. Son ouverture est la bouche et elle est impliquée dans le pouvoir d'élocution, la voix et dans le fait de digérer ce que vous apprenez.

L'estomac est lié à la rate. Lorsqu'il fonctionne bien, vous êtes plus réceptif aux pensées, idées et méthodes nouvelles. Et lorsque vous les avez faites vôtres, vous êtes plus ouvert à apprendre de nouvelles choses et des procédés plus efficaces.

5. Les sources principales des énergies olfactive et kinesthésique

Les sources principales des énergies olfactive et kinesthésique sont les poumons et le gros intestin. Les poumons sont associés aux bonnes impulsions et leurs ouvertures sont le nez et la peau. Ils sont en relation avec les sensations kinesthésiques, les sens de la peau et le sens du toucher et de la sensation, accroissant de ce fait votre conscience de votre environnement, et donc aussi votre capacité d'apprendre d'une façon considérable.

Le gros intestin, impliqué dans le fait d'éliminer et de lâcher, vous rend plus ouvert, au physique comme au mental. Lorsque vous êtes constipé, vous êtes plus fermé. Vous n'êtes pas ouvert aux idées nouvelles, ni disposé à changer.

Même s'il faut parfois très peu pour changer, certains étudiants n'abandonnent pas de vieilles manières d'être ou de vieilles idées pour y parvenir. Le gros intestin est l'organe associé aux poumons et il aide à renforcer leurs fonctions.

6. L'énergie des surrénales vous donnent l'enthousiasme d'apprendre

Les surrénales vous donnent de la vitalité et l'énergie chaude, ou énergie yang, des reins. En outre, elles vous énergétisent et vous rendent enthousiaste pour apprendre. Sans vitalité, vous vous sentez paresseux, somnolent et sans désir d'apprendre.

7. La thyroïde et la parathyroïde favorisent le pouvoir d'expression

La thyroïde et la parathyroïde vous aident à accroître votre capacité à exprimer vos opinions et vos expériences, de telle sorte que tous vos sens puissent être impliqués dans le processus d'apprentissage.

8. Le thymus aide le système immunitaire

Le thymus est le siège de l'énergie et il nous aide à fortifier notre système immunitaire. Il crée de l'énergie sous la forme d'enthousiasme et, de cette façon, vous donne de la force et de l'énergie pour apprendre.

9. L'énergie des organes sexuels stimule le pouvoir créateur

Les organes sexuels sont le siège de l'énergie du pouvoir créateur. Lorsque votre énergie sexuelle est faible, vous êtes moins créatif et vous stagnez dans de vieilles attitudes inefficaces. Lorsque vous savez comment sourire et accroître votre énergie sexuelle, vous accroissez aussi votre pouvoir de régler les problèmes de la vie quotidienne.

10. La colonne vertébrale est le centre de la communication

La colonne vertébrale est le centre du contrôle et de la communication. Apprenez à faire descendre votre sourire dans votre colonne vertébrale pour la relaxer et vous accroîtrez votre pouvoir de communication, vous saurez comment communiquer ce que vous avez appris à vos organes en passant par la colonne vertébrale, et vous ferez ainsi accepter par votre organisme de nouvelles attitudes plus efficaces. La colonne vertébrale est aussi connue comme le contrôleur des réseaux.

11. Comment apprendre de manière optimale

a) Souriez pendant que vous apprenez. Envoyez ce sourire aux régions ou organes qui sont réfractaires aux nouvelles idées. Par exemple, si le cœur ne veut pas être accueillant et ouvert, souriez-lui pour libérer les joies et le plaisir d'apprendre. Si le foie est trop dans la colère, ce qui obscurcit la vue, souriez-lui jusqu'à ce qu'il s'ouvre.

b) Permettez à vos mains, vos jambes, votre tête, votre buste, vos yeux, votre nez, votre bouche, vos oreilles, votre langue, votre anus, etc., d'être tous concernés par l'apprentissage. Par exemple, si vous apprenez à utiliser un nouvel ordinateur, agissez comme un ordinateur ou imaginez que vous en êtes un. Comprenez-le de l'intérieur ; servez-vous de vos mains, vos yeux, vos oreilles, etc., afin qu'ils soient tous en contact avec ce que vous désirez apprendre.

c) Souriez à vos sens pour qu'ils s'ouvrent et se sentent légers et heureux d'apprendre. Laissez-les tous participer à l'apprentissage. Commencez par la vue, puis passez à l'ouïe, à l'odorat, au sens kinesthésique et au goût. Imaginez ou associez ce que vous allez apprendre avec l'aspect visuel que vous lui donnez, avec le son qu'il aurait selon votre ouïe, avec l'odeur que lui prête votre odorat, avec la sensation qu'en aura votre sens kinesthésique et avec le goût qu'il aura selon votre sens gustatif.

d) Utilisez les métaphores de votre vie quotidienne que vous connaissez le mieux ou dont vous vous servez le plus. Si, par exemple, vous êtes jardinier ou si vous aimez les fleurs, vous pouvez relier ce que vous apprenez au jardinage ou aux fleurs. Si vous aimez les animaux, transformez les choses que vous apprenez en animaux et donnez-leur des caractéristiques d'animaux.

e) Impliquez-vous totalement dans ce que vous apprenez. Passez en revue tout votre organisme — vos sens, vos organes, vos bras, vos mains, etc. Ils sont disposés à apprendre et à reconnaître ce qu'ils ne veulent pas apprendre. Souriez-leur; dites-leur que vous les aimez et que vous désirez qu'ils s'impliquent.

D. Le pouvoir personnel par le Sourire Intérieur

1. Le sourire est l'énergie la plus puissante du pouvoir personnel. Le sourire intérieur véritable, venant de vos organes, leur permettra de contribuer, par leur propre pouvoir, à énergétiser vos sens, en particulier vos yeux. Les

yeux sont en liaison avec tous les organes et tous les sens. Une fois que vous le savez, vous pouvez amener de l'énergie à tous les organes.

Essayez de vous imaginer que nous avons 63 000 milliards de cellules. Chacune d'entre elles produit un petit millimètre d'énergie. Multipliée par 63 000 milliards de cellules, cette énergie devient considérable. Lorsque vous êtes détendu, calme et que vous souriez, vous pouvez maintenir cette énergie à son niveau maximum et être toujours prêt à entrer en action. Le niveau d'énergie est toujours la clé essentielle.

2. Lorsque votre niveau d'énergie augmente, vous disposez de plus d'énergie pour développer vos capacités, vous êtes plus souple dans l'action et vous savez ce que vous voulez, ainsi que comment l'obtenir — c'est-à-dire que vous êtes précis.

3. Envoyez votre sourire dans les organes sexuels. Plus votre niveau d'énergie sexuel est élevé, plus vous avez de pouvoir personnel. Lorsque le pouvoir sexuel diminue, votre pouvoir personnel diminue aussi. Pratiquez les exercices destinés à conserver et à accroître l'énergie sexuelle en la recyclant. Les aliments ou produits qui prétendent augmenter la puissance sexuelle n'ont pas d'effet durable, à supposer qu'ils en aient un, et ne peuvent accroître l'énergie ou se révéler efficace à long terme. Savoir cultiver l'énergie sexuelle est l'une des principales sources de pouvoir.

II. Préparation pour le Sourire Intérieur

A. Attendez au moins une heure après avoir mangé pour commencer les exercices.

B Choisissez un endroit tranquille. Au début, vous aurez peut-être intérêt à décrocher le téléphone. Par la suite, vous serez capable de pratiquer presque partout, quel que soit le bruit. Mais pour le moment, vous avez besoin d'éliminer les causes de distraction afin de développer votre attention intérieure.

C. Habillez-vous assez chaudement pour ne pas avoir froid pendant l'exercice. Mettez des vêtements amples et défaites votre ceinture. Retirez vos lunettes et votre montre.

D. Asseyez-vous confortablement sur la « pointe des fesses », au bord d'une chaise. Vos organes sexuels ne doivent pas être soutenus car ils constituent un centre d'énergie important. Cela signifie, si vous êtes un homme, que

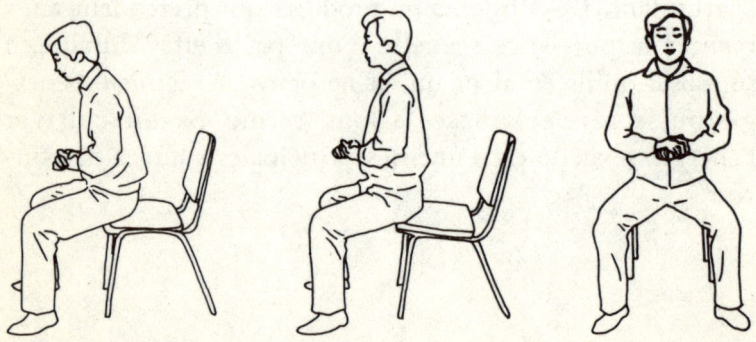

Position assise incorrecte   Position assise correcte   Le dos doit être droit

Figure SI 8

votre scrotum doit pendre librement depuis le bord de la chaise. Si vous êtes une femme et que vous pratiquez nue, vous devriez couvrir vos organes génitaux pour que l'énergie ne s'échappe pas par eux.

E. Les jambes sont écartées de la largeur des hanches et les pieds fermement posés sur le sol.

F. Vous êtes confortablement assis, le dos droit, les épaules relâchées et le menton légèrement rentré.

G. Posez les mains sur les genoux, la paume droite sur la paume gauche. Pour le confort de votre dos et de vos épaules, vous désirerez peut-être glisser un coussin sous vos mains pour qu'elles se trouvent plus haut (figure SI 9).

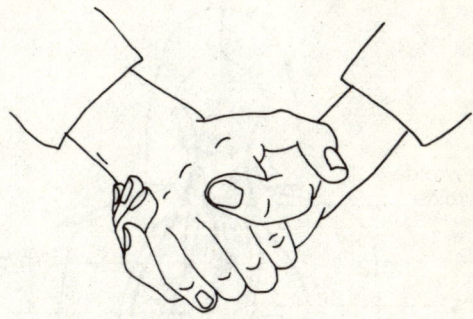

Figure SI 9
Fermez le circuit au niveau des mains en plaçant la main gauche dessous et la main droite dessus.

H. Respirez normalement. Fermez les yeux. Pendant que vous vous concentrez, la respiration doit rester douce, ample et régulière. Après quelques instants, n'y prêtez plus attention. Cette attention portée à la respiration ne ferait que distraire l'esprit, qui doit s'appliquer à amener l'énergie aux endroits désirés. Il existe des milliers de techniques

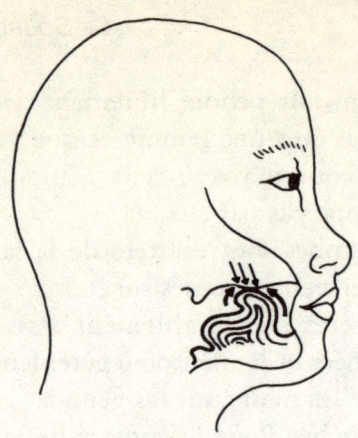

FIGURE SI 10
La langue.

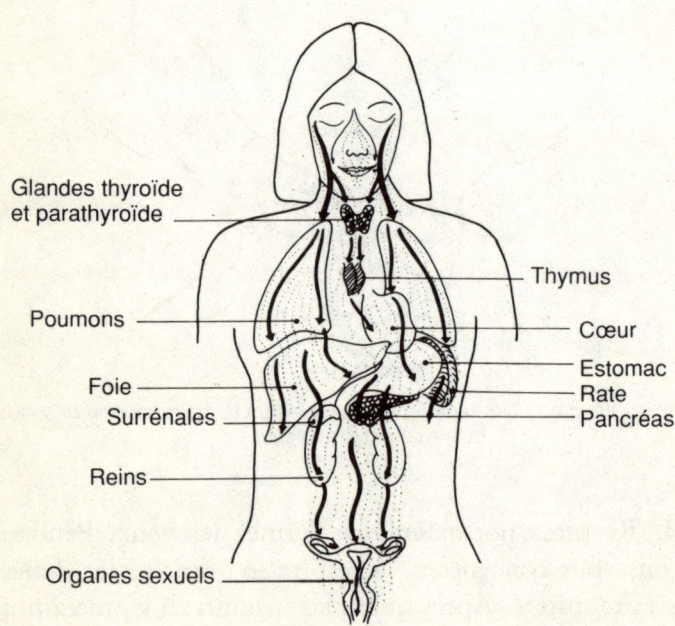

FIGURE SI 11
Le sourire sur la ligne avant: les organes vitaux majeurs.

ésotériques de respiration; vous pourriez passer votre vie entière à apprendre à les maîtriser sans acquérir pour autant une énergie stable.

I. Position de la langue : la langue est le pont entre les deux canaux. Elle a pour fonction de gouverner et de relier les énergies du thymus et de la glande pituitaire, et elle peut équilibrer les énergies du cerveau droit et du cerveau gauche. Il y a trois positions pour la langue. Pour commencer, placez-la de la manière qui vous convient le mieux. Si elle vous gêne contre le palais, mettez-la près des dents.

III. La pratique

A. Faites descendre le sourire dans les organes — la ligne avant

1. Détendez votre front. Imaginez, par exemple, que vous rencontrez une personne que vous aimez ou que vous contemplez une belle vue. Sentez cette énergie du sourire dans vos yeux.

2. Laissez ensuite cette énergie du sourire se diriger vers un point entre vos sourcils. Laisser-la descendre dans le nez, puis dans les joues. Sentez-la détendre la peau de votre visage, puis pénétrer profondément dans les muscles faciaux ; sentez-la réchauffer tout votre visage. Laissez-la descendre dans votre bouche et étirez-en doucement les coins. Laissez-la aller dans votre langue. Remuez le bout de la langue. Placez votre langue contre le palais et gardez-la ainsi jusqu'à la fin de l'exercice. Cela a pour effet de connecter les deux canaux majeurs d'énergie, le canal gouverneur et le canal de fonction. Amenez l'énergie du sou-

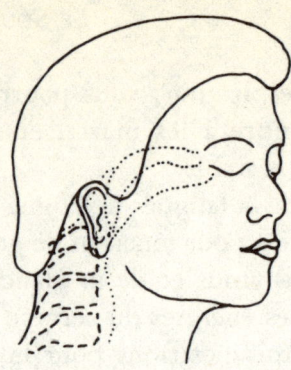

Figure SI 12

Le cou constitue un passage essentiel pour la plupart des systèmes physiques.

rire dans les mâchoires. Sentez les mâchoires se libérer des tensions dont elles sont en général le siège.

3. Envoyez le sourire dans votre cou et votre gorge, qui sont aussi souvent tendus. Bien que le cou soit étroit, il constitue un passage pour la plupart des systèmes du corps. L'air, la nourriture, le sang, les hormones et les signaux du système nerveux vont et viennent tout le long du cou (figure SI 12). Lorsque nous sommes stressés, les systèmes

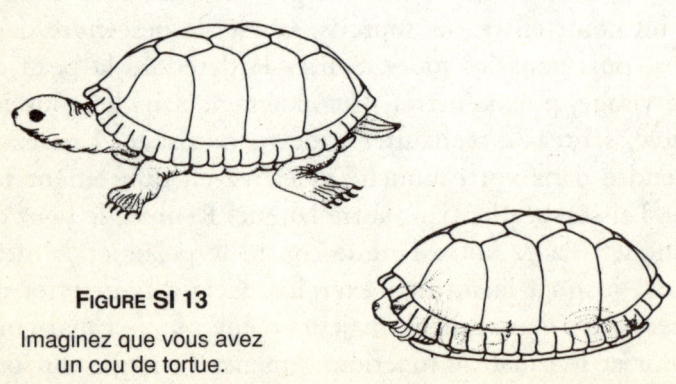

Figure SI 13

Imaginez que vous avez un cou de tortue.

sont débordés ; les activités se bousculent dans le cou, ce qui produit son raidissement. Faites comme les maîtres taoïstes, pensez que vous avez un cou de tortue. Laissez-le rentrer dans sa coquille et se reposer du fardeau de soutenir votre lourde tête (figure SI 13). Faites descendre le sourire dans votre cou et sentez l'énergie ouvrir votre gorge et dissoudre les tensions.

4. Faites descendre le sourire à l'avant du cou, où se situent les glandes thyroïde et parathyroïde. C'est là le siège de votre pouvoir d'élocution et, en cas de blocage, le chi ne peut pas s'écouler. Lorsqu'il y a tension et blocage, vous ne pouvez pas vous exprimer. Vous êtes alors effrayé face à une foule, peureux, et la communication est coupée. Faites descendre le sourire dans la thyroïde et sentez la gorge s'ouvrir, à la manière d'une fleur qui éclôt (figure SI 14).

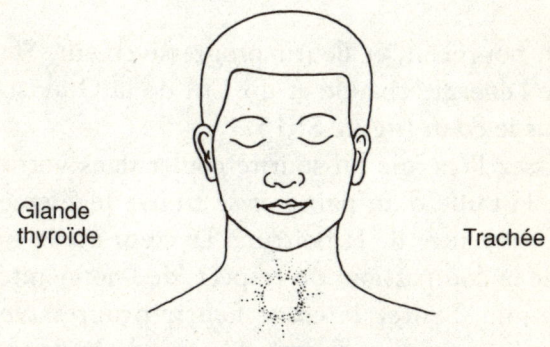

FIGURE SI 14
La gorge est le siège de votre pouvoir d'élocution.

5. Laissez descendre l'énergie du sourire dans le thymus, siège de l'amour, du feu, du chi et siège de l'énergie de guérison. Faites descendre votre sourire en lui, sentez-le devenir plus doux et plus humide. Sentez-le grossir,

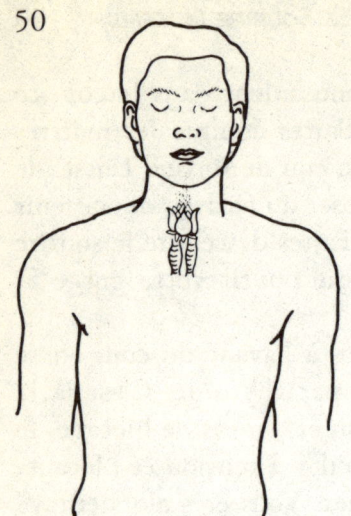 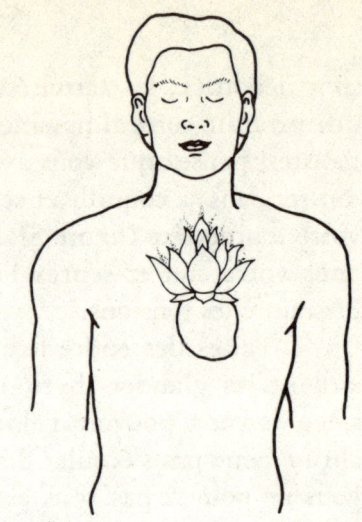

Figure SI 15
Sentez le thymus s'épanouir progressivement.

Figure SI 16
Le cœur est le siège de la joie; sentez-le s'ouvrir progressivement comme un bourgeon.

comme un bourgeon, et fleurir progressivement. Sentez le parfum de l'énergie chaude et du Chi de la Guérison descendre dans le cœur (figure SI 15).

6. Laissez l'énergie du sourire couler dans votre cœur, qui est de la taille d'un poing et se trouve légèrement sur la gauche, au centre de la poitrine. Le cœur est le siège de l'amour, de la compassion, du respect, de l'honnêteté, ainsi que de la joie. Sentez le cœur fleurir progressivement, comme un bourgeon, et faites rayonner de la pompe cardiaque dans tous les organes la chaleur parfumée de l'amour du chi, la joie et la compassion. Laissez l'énergie du sourire emplir votre cœur de joie. Remerciez votre cœur pour son travail constant et essentiel de pompage du sang à la pression correcte pour le faire circuler à travers tout le corps. Sentez-le s'ouvrir et se détendre tandis qu'il travaille plus facilement (figure SI 16).

7. Amenez le sourire et l'énergie de joie du cœur aux poumons. Amenez le sourire dans toutes les cellules de vos poumons. Remerciez-les pour leur magnifique travail d'approvisionnement du corps en oxygène et de rejet du gaz carbonique. Sentez-les devenir plus doux, plus spongieux, plus humides. Sentez-les vibrer d'énergie.

Envoyez le sourire au plus profond des poumons et libérez-vous par le sourire de votre tristesse et de votre dépression. Emplissez les poumons du parfum de la droiture, qui est induite par l'amour, la compassion et la joie venant du cœur. Laissez l'énergie du sourire de la joie, de l'amour et de la droiture descendre vers votre foie.

8. Faites descendre le sourire dans votre foie, ce gros organe situé sur le côté droit, sous la cage thoracique. Remerciez-le pour son rôle merveilleusement complexe dans la digestion — traitement, stockage et distribution des nutriments — et pour son travail de détoxication des substances nocives. Sentez-le devenir plus doux et plus humide.

Souriez à nouveau et descendez profondément dans votre foie. Voyez s'il abrite de la colère ou de l'énervement. Libérez-vous en par le sourire et laissez la joie, la beauté, la droiture et la chaleur du chi amener la bonté — qui est la nature du foie — à s'écouler, jusqu'à ce qu'elle déborde et descende vers les reins et les glandes surrénales.

9. Amenez l'énergie du sourire dans vos reins, à l'intérieur de la partie inférieure de votre cage thoracique, dans le dos, de part et d'autre de la colonne vertébrale. Remerciez-les pour leur travail de filtrage du sang, d'excrétion des déchets et de maintien de l'équilibre hydrique. Sentez-les devenir plus calmes, plus frais et plus propres. Envoyez le sourire dans vos surrénales, au-dessus des reins ; ces glandes produisent l'adrénaline pour les

situations de « combat ou fuite », ainsi que plusieurs autres hormones. Vos surrénales vous remercieront peut-être en vous donnant un petit supplément d'énergie.

Souriez de nouveau et descendez profondément dans vos reins. Regardez et sentez toute peur qui pourrait s'y trouver. Souriez avec la chaleur de la joie, de l'amour et de la bonté pour dissoudre vos peurs. Laissez la nature des reins — la douceur — se manifester et les remplir jusqu'à ce que cette qualité déborde vers le pancréas et la rate.

10. Faites descendre le sourire dans votre pancréas et votre rate. Envoyez d'abord le sourire dans le pancréas, qui est situé au centre et à gauche, au-dessus de la taille. Remerciez-le de produire de l'insuline, pour réguler votre taux de sucre sanguin, et des enzymes digestives. Puis envoyez le sourire dans la rate, qui se trouve au bas de la cage thoracique, sur le côté gauche. Remerciez-la de produire des anticorps contre certaines maladies. Sentez-la devenir plus douce et plus pleine.

Faites descendre à nouveau le sourire dans la rate et le pancréas ; sentez et regardez profondément à l'intérieur s'il ne s'y cache le moindre souci ; laissez la chaleur de la joie, de la droiture, de la bonté et de la douceur dissoudre vos soucis. Envoyez votre sourire à la vertu de la rate — l'équité — pour qu'elle se manifeste et se répande vers le bas, vers la vessie et les organes sexuels.

11. Faites descendre l'énergie du sourire dans la région génitale, au bas de l'abdomen. Chez les femmes, cette région s'appelle le « palais des ovaires » et se trouve à environ huit centimètres sous le nombril, à distance égale des ovaires. Faites descendre le sourire dans les ovaires, l'utérus et le vagin.

Chez les hommes, cette région porte le nom de « palais du sperme » et se situe à environ quatre centimètres au-dessus de la base du pénis, dans la région de la prostate et des vésicules séminales. Faites descendre le sourire dans la prostate et les testicules. Remerciez-les de fabriquer des hormones et de vous donner de l'énergie sexuelle.

Laissez couler la joie, la bonté et la douceur dans les organes génitaux pour acquérir la capacité à surmonter et supprimer les désirs sexuels incontrôlables. C'est vous qui contrôlez votre désir sexuel et non le contraire. Remerciez vos organes génitaux pour leur travail grâce auquel vous appartenez à un sexe déterminé. L'énergie sexuelle est l'énergie fondamentale de la vie.

12. Revenez à vos yeux. Envoyez cette fois rapidement un sourire aux organes de la ligne de l'avant du corps, en contrôlant s'il reste une tension dans l'un d'eux. Souriez jusqu'à ce que la tension s'efface.

B. Envoyez le sourire dans le système digestif — la ligne du milieu du corps

1. Prenez encore une fois conscience de l'énergie du sourire dans vos yeux. Laissez-la descendre jusqu'à votre bouche. Sentez votre langue et produisez de la salive en faisant bouger votre bouche et votre langue. Collez votre langue contre le palais, contractez les muscles du cou et avalez votre salive, vigoureusement et rapidement, avec un bruit de déglutition. Grâce au Sourire Intérieur, suivez le cheminement de la salive de l'œsophage à l'estomac, situé sous la cage thoracique, à gauche. Remerciez-le pour son important travail de liquéfaction et de digestion de la nourriture. Sentez le calme et le bien-être le gagner. Nous maltraitons parfois nos estomacs avec des aliments inadéquats. Promettez au vôtre que vous lui donnerez de bons aliments à digérer.

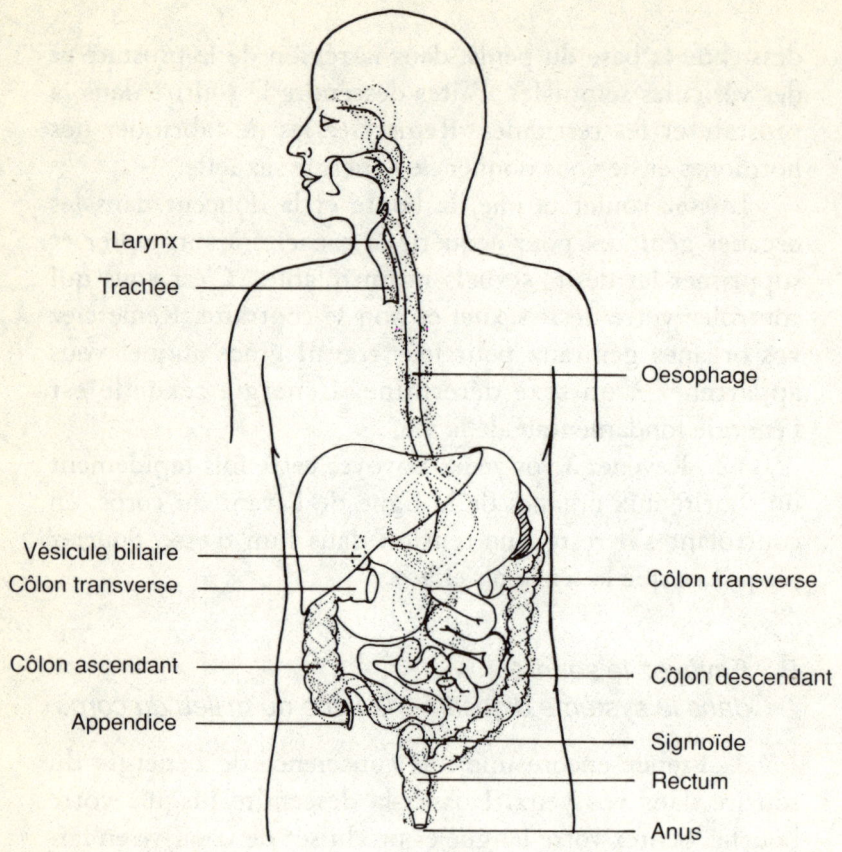

FIGURE SI 17.
Souriez au système digestif.

2. Faites descendre le sourire dans l'intestin grêle : le duodénum, le jéjunum et l'iléon, au milieu de l'abdomen. Il mesure environ sept mètres chez l'adulte. Remerciez-le d'absorber les nutriments de la nourriture pour vous maintenir en vie et en bonne santé.

3. Faites descendre le sourire dans le gros intestin : le côlon ascendant, qui commence à la hanche droite et

remonte sous le lobe droit du foie ; le côlon transverse, qui part de la région droite du foie et traverse l'abdomen, arrivant sous la partie inférieure de la rate ; le côlon descendant, qui descend du côté gauche de la région lombaire ; et enfin le sigmoïde, situé normalement dans la zone pelvienne, le rectum et l'anus. Le gros intestin mesure environ un mètre cinquante. Remerciez-le d'éliminer les déchets et de vous permettre de vous sentir propre, frais et ouvert. Souriez-lui et sentez-le devenir chaud, agréable, propre, à l'aise et calme.

4. Revenez aux yeux. Faites descendre rapidement cette fois le sourire le long de la ligne du milieu du corps, en vérifiant s'il y reste des tensions. Envoyez le sourire dans les tensions jusqu'à ce qu'elles se dissolvent.

C. Envoyez le sourire le long de la colonne vertébrale — la ligne arrière du corps (figure SI 18)

1. Ramenez votre attention aux yeux.
2. Envoyez le sourire à l'intérieur de votre corps avec les deux yeux ; recueillez le pouvoir du sourire dans le troisième œil (entre les sourcils). Grâce à votre vision intérieure, dirigez votre sourire à environ huit centimètres à l'intérieur de la tête, dans la glande pituitaire, et sentez-la s'épanouir. Avec les yeux, envoyez le sourire dans le troisième ventricule (la troisième cavité, siège du pouvoir du systéme nerveux, d'une grande importance). Sentez la cavité s'agrandir et faire rayonner dans le cerveau une intense lumière dorée. Envoyez le sourire dans le thalamus, d'où proviendront l'authenticité et le pouvoir du sourire. Envoyez le sourire dans la pinéale et sentez cette petite glande se gonfler progressivement et se développer comme

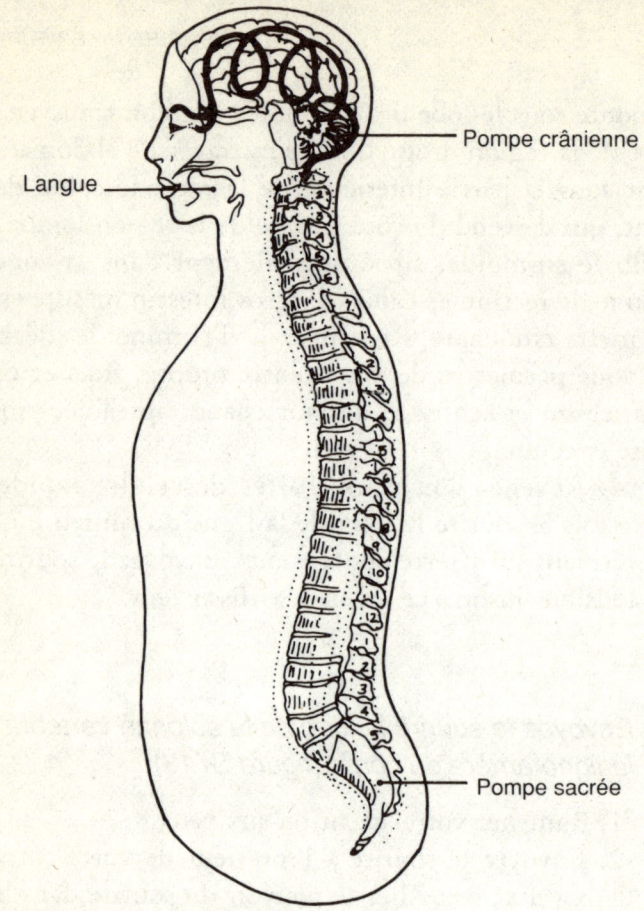

FIGURE SI 18

Amenez l'énergie d'amour
dans chaque vertèbre
et chaque disque.

un bourgeon. Déplacez la vision de votre sourire, telle une lumière vive, étincelante, vers le haut et la partie gauche du cerveau. Faites aller cette vision du Sourire Intérieur d'avant en arrière dans le cerveau gauche, puis dans le cerveau droit et le cervelet. Vous équilibrerez ainsi le cerveau gauche et le cerveau droit et fortifierez les nerfs (figures SI 19, SI 20 et SI 21).

3. Envoyez la vision du Sourire Intérieur dans le cerveau moyen. Sentez-le s'étirer, s'adoucir et descendre vers le pont de Varole et le bulbe rachidien (voir les schémas) et vers la moelle épinière, qui part des vertèbres cervicales à la base du crâne.

Déplacez la vision du Sourire Intérieur, amenant cette énergie d'amour dans chaque vertèbre et dans les disques placés sous elles. Comptez les vertèbres et les disques en faisant descendre le sourire en eux : sept vertèbres cervicales (le cou), douze vertèbres thoraciques (le buste), cinq lombaires (le bas du dos), l'os triangulaire dénommé sacrum et le coccyx. Sentez votre moelle épinière et votre dos gagnés par la détente et le bien-être. Sentez l'adoucissement des disques. Sentez que votre colonne vertébrale s'étire et s'allonge, vous rendant plus grand.

4. Revenez aux yeux et faites descendre rapidement cette fois le sourire de long de la ligne de l'arrière du corps. Tout votre corps doit être détendu. L'exercice de la ligne de l'arrière du corps accroît la sécrétion de liquide céphalo-rachidien et apaise le système nerveux. Envoyez le sourire dans un disque vertébral l'empêche de se durcir et de se déformer, ce qui lui permet de supporter correctement la force et le poids du corps. Vous pouvez prévenir ou soulager les maux de dos en envoyant le sourire dans la colonne vertébrale.

D. Faites aller le sourire de la tête aux pieds

Commencez de nouveau par les yeux. Dirigez votre vision du Sourire Intérieur. Faites descendre rapidement le sourire le long de la ligne de l'avant du corps, puis le long de la ligne du milieu et de l'arrière du corps. Lorsque vous

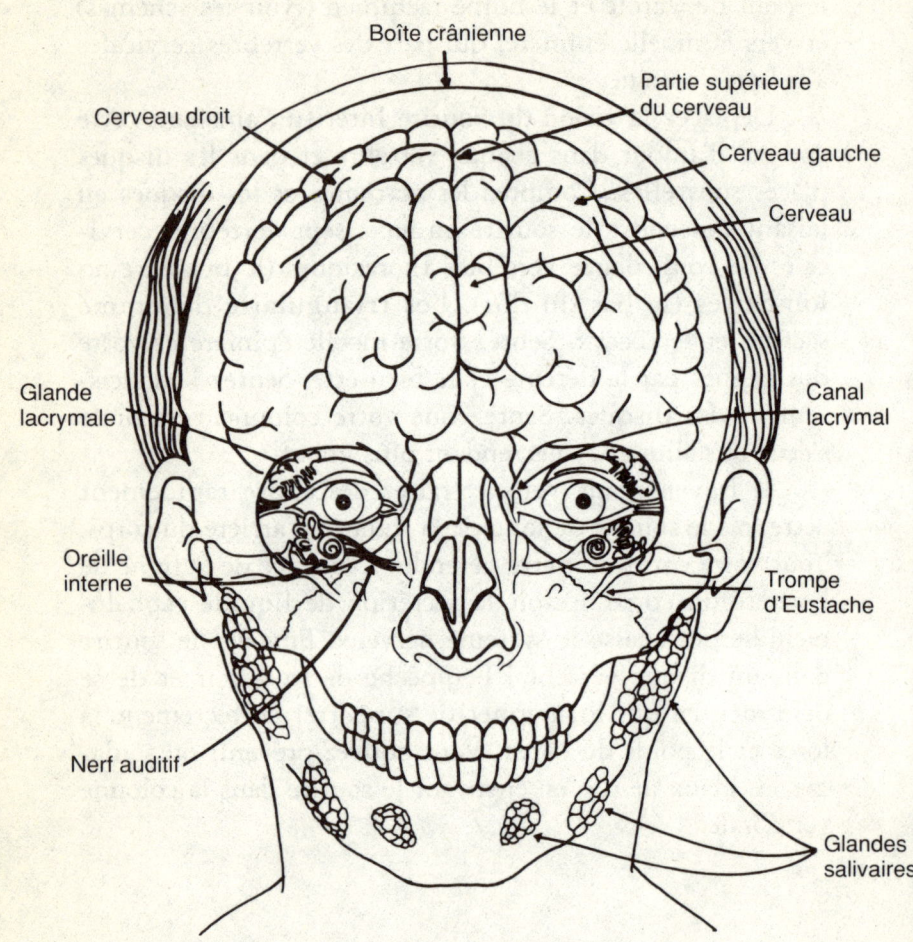

Figure SI 19
Les différentes parties du cerveau

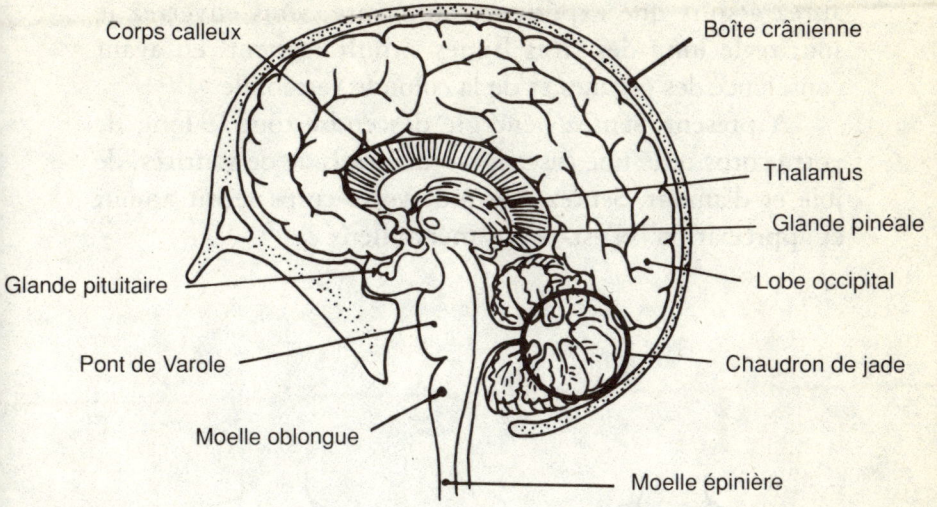

FIGURE SI 20
Vue latérale du cerveau moyen (coupe transversale).

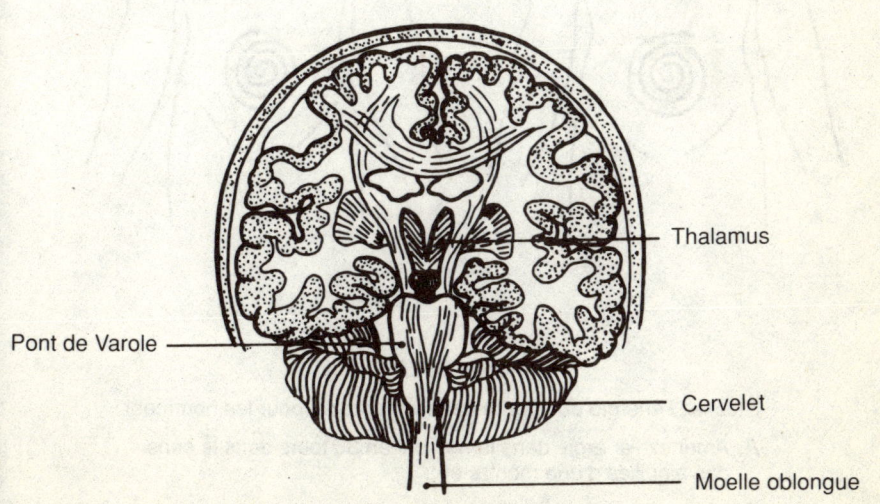

FIGURE SI 21
Vue antérieure du cerveau moyen (coupe transversale).

aurez acquis une expérience suffisante, vous enverrez le sourire le long des trois lignes simultanément, en ayant conscience des organes et de la colonne vertébrale.

A présent, sentez l'énergie descendre tout le long de votre corps telle une cascade — une cascade de sourires, de joie et d'amour. Sentez que tout votre corps reçoit amour et appréciation. N'est-ce pas merveilleux ?

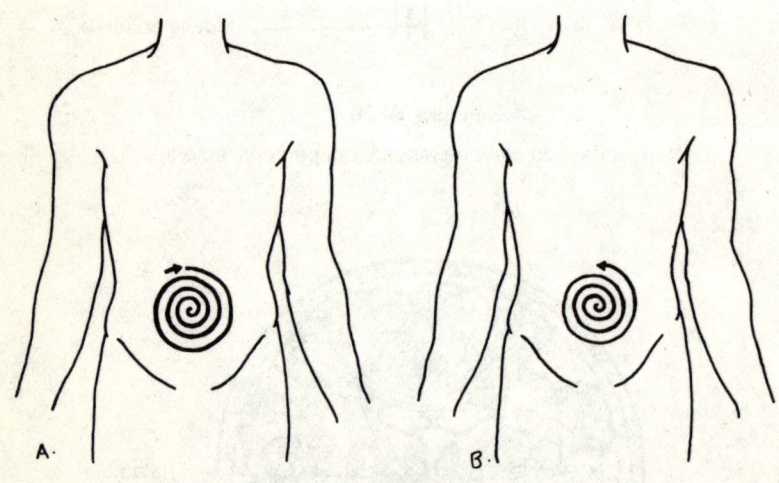

FIGURE SI 22

Stockez l'énergie du sourire dans le nombril (pour les hommes)

A. Amenez l'énergie dans le nombril en 36 tours dans le sens des aiguilles d'une montre et

B. 24 tours dans le sens contraire.

E. Recueillez l'énergie du sourire au niveau du nombril

1. Il est très important, pour terminer, de stocker l'énergie du sourire au niveau du nombril. La majorité des effets indésirables de la méditation sont dus à un excès d'énergie dans la tête ou le cœur. La région du nombril peut supporter sans encombre le surplus d'énergie produit par le Sourire Intérieur (figures SI 22 et SI 23).

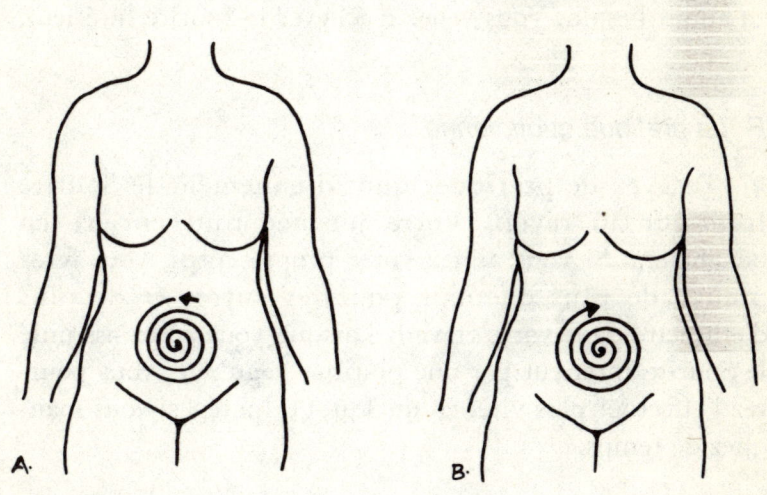

FIGURE SI 23

Stockez l'énergie du sourire dans le nombril (pour les femmes)

A. Amenez l'énergie dans le nombril en 36 tours dans le sens contraire des aiguilles d'une montre et

B. 24 tours dans le sens des aiguilles d'une montre.

2. Pour recueillir l'énergie du sourire, concentrez-vous dans la région du nombril, à environ quatre centimètres à l'intérieur de votre corps. Puis décrivez mentalement avec cette énergie trente-six tours d'une spirale en expansion, sans monter plus haut que le diaphragme ni descendre sous l'os pubien. Les hommes décrivent une spirale dans le sens des aiguilles d'une montre, les femmes, dans le sens contraire. Inversez ensuite la direction de la spirale et ramenez-la au nombril en vingt-quatre tours. Guidez-vous avec votre doigt les premières fois. L'énergie est alors stockée en toute sécurité dans la région du nombril et disponible à tout instant et pour toute partie de votre corps qui en aurait besoin. Vous venez d'achever le Sourire Intérieur.

F. La pratique quotidienne

Essayez de pratiquer quotidiennement le Sourire Intérieur au réveil. Votre journée tout entière en bénéficiera. Si vous aimez votre propre corps, vous ferez preuve de plus d'amour pour les autres et de plus d'efficacité dans votre travail. Lorsque vous aurez assimilé le Sourire Intérieur par une pratique régulière, vous pourrez l'effectuer plus vite, en quelques minutes, si vous manquez de temps.

G. Souriez pour vous libérer de vos émotions négatives

Pratiquez aussi le Sourire Intérieur dans les moments de stress, de colère, de peur ou de dépression. Envoyez le sourire aux parties de votre corps qui sont tendues et éprouvées, et voyez l'énergie négative se transformer peu à peu en énergie vitale positive. Ces émotions qui vous épuisent et vous nuisent seront converties en énergie positive et en vitalité. L'énergie du sourire peut produire de l'énergie vitale à partir d'énergie émotionnelle — à condition que votre sourire arrive à pénétrer dans les émotions telles que la colère, le stress, la peur et l'impatience.

H. Souriez pour vous libérer de la douleur et de la maladie

Si vous éprouvez une douleur ou un malaise dans une partie de votre corps, ou un dysfonctionnement dans un organe, envoyez-leur continuellement le sourire ; prenez le temps qu'il faut, parlez-leur, soyez à l'écoute de leurs messages, jusqu'à ce que vous les sentiez devenir plus doux ou plus ouverts, ou jusqu'à ce que vous visualisiez leur couleur passant du foncé au clair.

3

La Méditation de l'Orbite Microcosmique

I. Faites circuler le chi dans l'Orbite Microcosmique

Le Sourire Intérieur, les Six Sons de Guérison et le Tao du Rajeunissement accroîtront graduellement votre force vitale par la transformation du stress en vitalité. Pour que cette énergie puisse être utilisée efficacement et en toute sécurité à des fins curatives et évolutives, elle doit circuler selon des trajets déterminés dans votre corps.

Il vous sera beaucoup plus facile de cultiver votre énergie si vous connaissez les voies majeures de la circulation énergétique dans le corps. Très complexe, le système nerveux humain est capable de diriger l'énergie partout où elle est nécessaire. Les anciens maîtres taoïstes découvrirent deux canaux d'énergie particulièrement importants.

Le premier porte le nom de « canal de fonction » ou canal « yin ». Il part de la base du tronc, entre l'anus et les testicules chez l'homme, ou le vagin chez la femme, en un point nommé périnée. Il monte à l'avant du corps le long des organes sexuels, de l'estomac, du cœur et de la gorge, pour se terminer au bout de la langue. Le deuxième canal, « canal gouverneur » ou « yang », part du même point, mais monte à l'arrière du corps. Du périnée, il s'élève au coccyx, puis dans la colonne vertébrale et jusque dans le cerveau, pour redescendre dans le palais.

Tel un commutateur, la langue fait le contact entre ces deux courants. Quand elle est placée contre le palais, juste derrière les dents de devant, l'énergie peut s'écouler de manière circulaire en montant le long de la colonne vertébrale et en redescendant à l'avant du corps. Les deux canaux forment un seul circuit que parcourt l'énergie. Ce flux vital passe par les organes et les systèmes nerveux

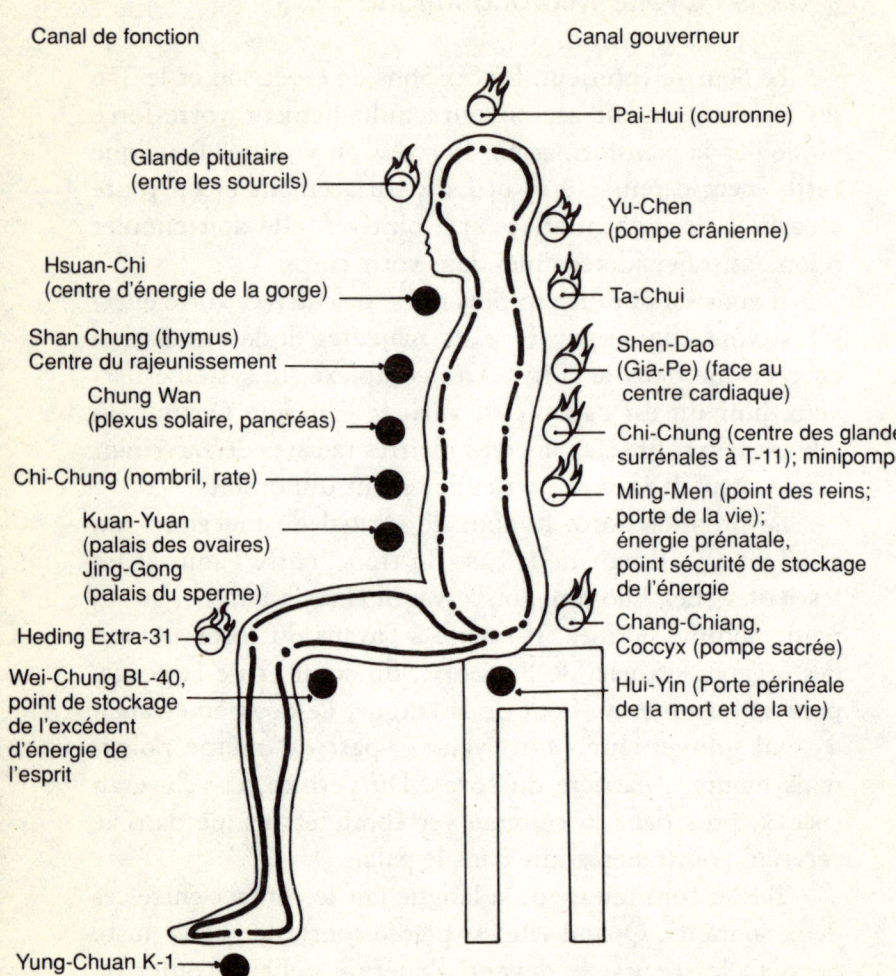

Figure OM 1

Apprenez à faire circuler le chi dans l'Orbite Microcosmique pour vous aider à combattre le stress. La langue touche la voûte du palais pour boucler le circuit du canal gouverneur et du canal de fonction.

majeurs du corps, apportant aux cellules le courant dont elles ont besoin pour leur développement, leur entretien et leur fonctionnement. Cette énergie en circulation, connue sous le nom d'Orbite Microcosmique, constitue la base de l'acupuncture. La recherche médicale occidentale a déjà reconnu l'efficacité clinique de l'acupuncture, bien que les scientifiques admettent ne pas pouvoir expliquer le fonctionnement de ce système. De leur côté, les taoïstes ont étudié les points d'énergie subtile du corps depuis des milliers d'années et vérifié en détail l'importance de chaque canal (figure OM 1).

C'est aussi cette boucle d'énergie autour du corps qui véhicule l'énergie organique et l'énergie du sourire, et qui apporte la vitalité aux autres régions du corps.

II. L'importance de l'Orbite Microcosmique

En ouvrant ce canal microcosmique et en le maintenant libre de tout blocage physique ou mental, il est possible de faire monter l'énergie le long de la colonne vertébrale. Si des tensions obstruent ce canal, il est important d'apprendre à faire circuler l'énergie dans l'Orbite Microcosmique. C'est une étape capitale dans la résolution des blocages physiques afin de revitaliser toutes les parties du mental et du corps. Sans cela, lorsque la pression se fait intense dans la tête, de grandes quantités d'énergie s'échappent par les yeux, les oreilles, le nez et la bouche. C'est de l'énergie perdue, comme si l'on essayait de chauffer une pièce dont toutes les fenêtres seraient ouvertes. Vous aurez une grosse facture de mazout.

Pour ouvrir le canal de l'énergie microcosmique, asseyez-vous en posture de méditation chaque matin pendant quelques minutes après avoir pratiqué le Sourire Intérieur. Aidez votre énergie à parcourir tout le circuit en le suivant mentalement. Commencez au niveau des yeux et allez mentalement avec l'énergie qui descend à l'avant du corps par la langue, la gorge, la poitrine et le nombril, puis remonte par le coccyx et la colonne vertébrale jusqu'à la tête.

Au début, vous aurez l'impression qu'il ne se passe rien, mais vous finirez par éprouver une sensation de chaleur en certains endroits tandis que le courant suit son trajet circulaire.

Il vous suffit simplement de vous relaxer et d'essayer d'entrer mentalement dans une partie après l'autre de cette boucle. Il ne s'agit pas de visualiser mentalement l'aspect de telle ou telle partie du corps ou d'imaginer les sensations qui s'y rattachent. N'utilisez pas votre mental comme s'il était un poste de télévision. Faites l'expérience du flux de chi lui-même. Détendez-vous et laissez votre mental suivre le chi dans votre corps selon un circuit naturel jusqu'à n'importe quel endroit choisi, par exemple le nombril, le périnée, etc.

La pratique de l'Orbite Microcosmique est hautement recommandée à tous les étudiants désireux de mieux maîtriser la transformation du stress et de posséder à fond les techniques enseignées dans ce livre. Il est très difficile d'atteindre des degrés plus élevés dans la transformation de l'énergie émotionnelle si l'on n'a pas appris au préalable l'Orbite Microcosmique. Chez certaines personnes, toutefois, ces canaux sont déjà « ouverts » ou un état de détente est déjà acquis par une vie proche de la nature.

Les bénéfices de l'Orbite Microcosmique vont au-delà

d'une amélioration de la circulation de l'énergie. Ils comprennent la prévention du vieillissement et la guérison de nombreuses affections, allant de l'hypertension à l'insomnie, les maux de tête et les rhumatismes.

4

Les Six Sons de Guérison

I. Les bénéfices et la théorie

Il y a des milliers d'années, les maîtres taoïstes découvrirent au cours de leurs méditations les six sons aux fréquences adéquates pour maintenir les organes dans leur état optimum en prévenant et en soulageant la maladie. Ils se rendirent compte qu'un organe sain vibre à une fréquence particulière. En accompagnement aux Six Sons de Guérison, ils mirent au point six postures destinées à activer les méridiens d'acupuncture, ou canaux d'énergie, des organes (figure SS 1).

A. La surchauffe des organes

A quoi est dû le mauvais fonctionnement d'un organe ? Les causes sont multiples. La société urbaine crée une vie de stress physiques et émotionnels tels que surpopulation, pollution, radiations, aliments de mauvaise qualité, additifs chimiques, anxiété, solitude, mauvaises positions, efforts physiques brusques ou trop intenses. Séparés ou combinés, ces stress produisent des tensions et commencent par entraver le libre flot de l'énergie dans le corps, ce qui produit ensuite la surchauffe des organes. En outre, la jungle de béton dans laquelle nous vivons ne possède pas les soupapes de sécurité offertes par la nature : les arbres, les grands espaces et les cours d'eau, qui apportent une énergie rafraîchissante et purifiante. Une surchauffe permanente provoque la contraction et le durcissement d'un organe. Son fonctionnement en est gêné et la porte est ouverte à la maladie. Selon l'un des chirurgiens qui travaillent au Healing Tao Center de New York, les cœurs

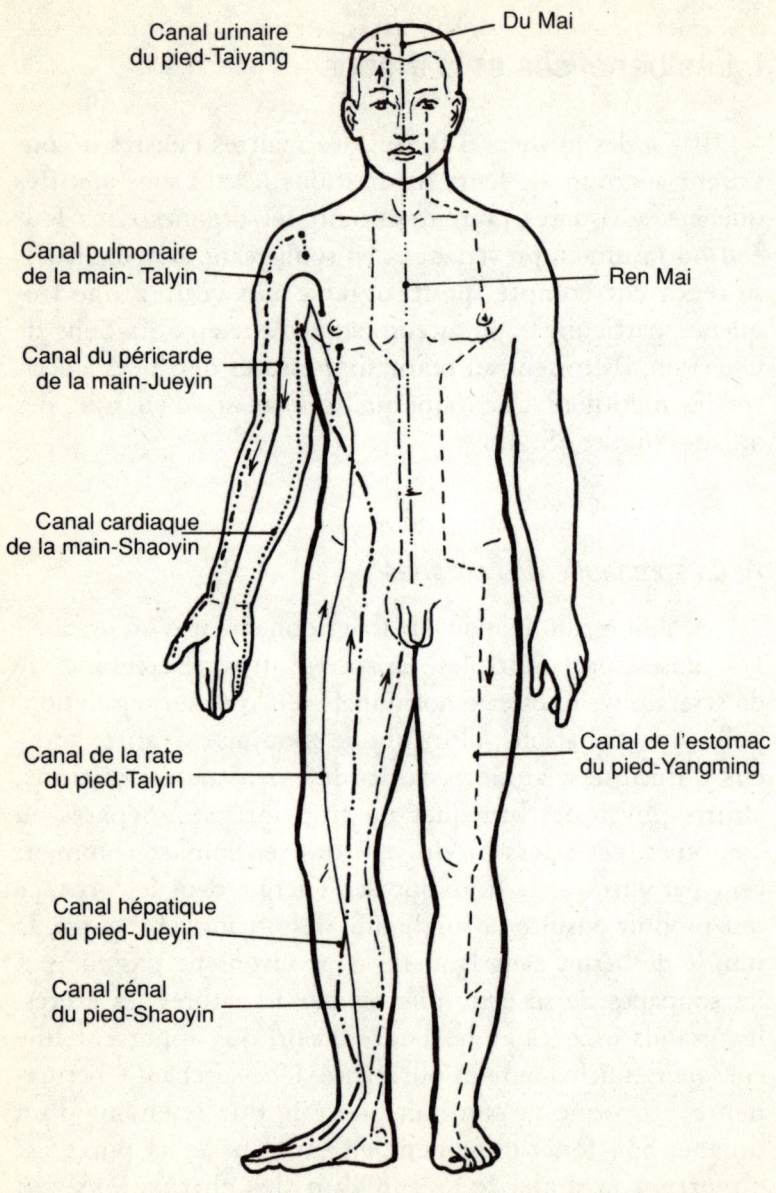

FIGURE SS 1
Répartition des quatorze canaux.
Vue antérieure.

des patients morts d'une attaque semblaient avoir été cuits! Par ailleurs, nous tenons des anciens taoïstes le dicton suivant : « Le stress vous cuit le cerveau » (figures SS 2 et SS 3).

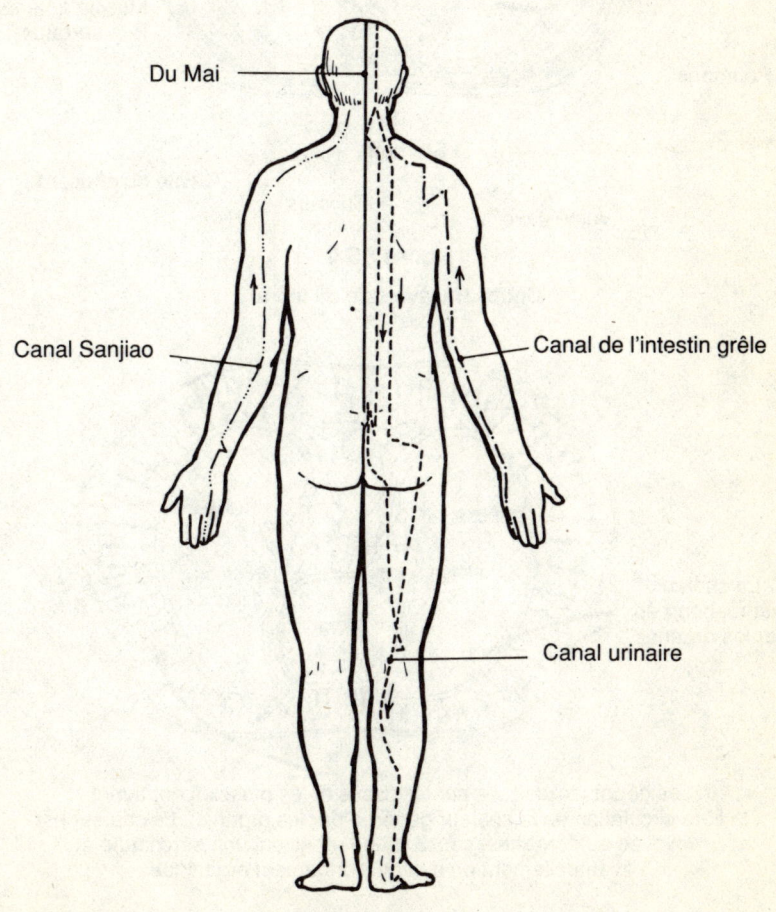

Vue postérieure.

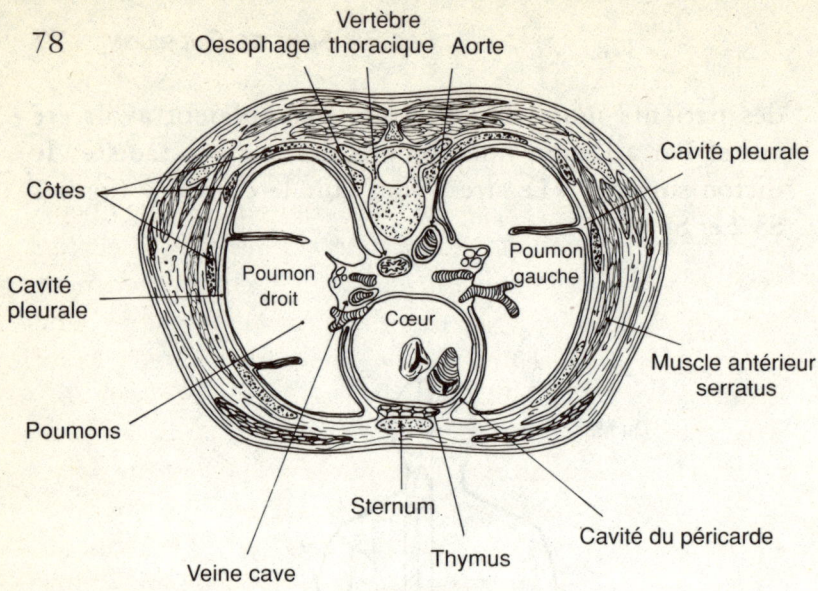

FIGURE SS 2
Coupe transversale du thorax.

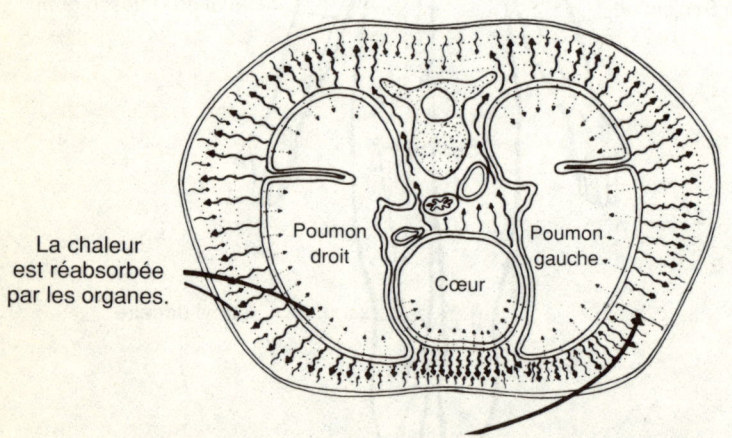

Les dépôts toxiniques sur les tissus et les muscles entravent la libre circulation de la chaleur générée par les organes. La chaleur est renvoyée aux organes, causant une pression, une surchauffe et éventuellement un dysfonctionnement organique.

FIGURE SS 3
Surchauffe des organes.

B. Le système de refroidissement des organes

Selon la médecine chinoise, chaque organe est entouré d'un sac ou membrane appelé fascia, qui régule sa température. Idéalement, cette membrane expulse la chaleur en excès par la peau, au niveau de laquelle elle est échangée contre l'énergie vitale froide provenant de la nature. Une trop grande tension physique ou émotionnelle amène cette membrane à coller à l'organe, l'empêchant d'expulser correctement la chaleur, ainsi que d'absorber l'énergie froide transmise par la peau. Les pores de la peau sont alors obstrués par des toxines et les organes exposés à une surchauffe. Les Six Sons de Guérison accélèrent l'échange de chaleur dans le système digestif et la bouche. Le système digestif mesure plus de six mètres de long et il est constitué d'un seul « tuyau » allant de la bouche à l'anus, en passant au milieu du corps entre les organes. Il participe à l'expulsion de l'excès de chaleur des fascias, rafraîchissant et nettoyant ainsi les organes et la peau. Lorsque tous les sons et les postures sont effectués dans le bon ordre, la chaleur corporelle est distribuée de manière égale dans tout le corps à travers le tractus intestinal, ce qui assure à chaque organe sa température correcte (figure SS 4).

C. Des sons pour guérir et prévenir

Une pratique quotidienne des Six Sons de Guérison rétablira et maintiendra le calme et la santé. Il s'ensuivra un plaisir sexuel accru et une meilleure digestion. Les petites affections telle que rhumes, grippes et maux de gorge peuvent être facilement évitées ou enrayées. De nombreux étudiants du Tao de la Guérison ont réussi à se

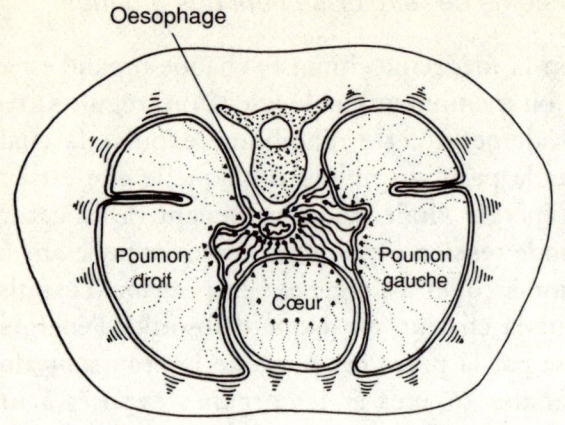

Lorsque le son est émis, la chaleur dégagée par les organes quitte le corps par l'œsophage.

FIGURE SS 4
Système de refroidissement des organes

libérer d'une dépendance ancienne à l'égard des somnifères, des tranquillisants, de l'aspirine et des médicaments contre l'acidité. Des cardiaques ont pu éviter de nouvelles attaques. Des psychologues ont enseigné à certains de leurs patients les Six Sons de Guérison pour soulager la dépression, l'anxiété ou la colère ; et des thérapeutes ont utilisé ces Six Sons pour accélérer une guérison tout en pouvant économiser leur propre énergie vitale.

Dans cet exercice, chacun des six organes est associé à un autre organe qui manifeste les mêmes réactions que lui, en même temps. Lorsqu'un organe est faible ou surchauffé, l'organe associé est affecté de manière similaire. De la même façon, lorsqu'on pratique le son curatif et la posture appropriés, l'effet bénéfique touche l'organe concerné et celui qui lui est associé.

D. Les sensations éprouvées durant la période de repos

Les sensations éprouvées pendant la « période de repos » de l'exercice varient d'un individu à un autre. Vous pourrez avoir une sensation de froid, de picotement, de vibration, de légèreté ou d'expansion dans un organe particulier, dans la tête, les mains ou les jambes. Mais peut-être n'éprouverez-vous rien d'autre qu'une sensation généralisée de détente. Vous percevrez éventuellement des changements quand vos organes deviendront plus doux, plus humides, plus spongieux et plus ouverts.

E. Le meilleur contrôle des émotions négatives

Les Six Sons de Guérison constituent le moyen le plus rapide de calmer les organes. La vie que nous menons dans une « jungle de béton » tend à retenir la pollution et l'excès de chaleur dans notre environnement. Toutes sortes d'ondes poussent notre corps et nos organes à l'hyperactivité. En outre, la circulation de l'énergie vitale est entravée, empêchant une distribution aisée et efficace de l'énergie. Lorsque l'énergie négative ne peut pas être expulsée, elle se loge dans les organes et les membres et elle stagne. Les organes eux-mêmes commencent alors à surchauffer, produisant encore plus d'énergie négative et de stress.

Toutefois, il suffit d'émettre les sons correspondant aux organes pour libérer les gaz prisonniers dans les organes et permettre les échanges. Comme les maîtres taoïstes du passé qui découvrirent un rapport étroit entre certains sons et des organes, ainsi que leur pouvoir de les ramener à leur température normale, nous pouvons amener une énergie fraîche à nos organes pour libérer ou transformer nos émotions négatives en énergie plus positive et porteuse de vie.

F. Comment se libérer de la mauvaise haleine

Le problème de l'haleine est extrêmement courant. Beaucoup de gens ne se rendent pas compte à quel point il les affecte. Ceux qui sont en contact avec une personne qui a une mauvaise haleine en éprouvent de l'inconfort et du désagrément. Lorsque vous êtes conscient de votre problème d'haleine et que vous ne réussissez pas à vous débarrasser de cette mauvaise odeur, vous perdez progressivement confiance en vous lors d'activités sociales.

L'une des causes majeures de la mauvaise haleine est dentaire et elle peut être résolue par un dentiste.

L'autre cause principale est une maladie des organes internes. Des organes internes en mauvais état produisent une haleine nauséabonde. Un foie malade, par exemple, donnera à l'haleine une odeur de viande avariée. Les reins, s'ils sont malades, donneront à l'haleine une odeur d'urine fermentée. Un estomac faible ou malade représente la cause la plus fréquente de la mauvaise haleine. Lorsque l'activité digestive normale de l'estomac et des intestins ralentit, de la nourriture partiellement digérée s'y accumule, provoquant la mauvaise haleine. Les Six Sons de Guérison favorisent la détoxication du corps, fortifient les organes et libèrent les gaz prisonniers à l'origine de la mauvaise haleine.

G. Comment se débarrasser des odeurs corporelles

De fortes odeurs corporelles mettent aussi des barrières entre les gens, particulièrement en été. L'odeur corporelle peut avoir pour cause un long travail en état de stress, ce qui rend les organes plus nerveux et donne éventuellement des douleurs organiques, surtout de l'estomac. Les maux d'estomac bloquent le système digestif, ainsi que le système circulatoire du chi. L'odeur sécrétée par la transpiration, notamment l'odeur sous les aisselles (qui vient du flux de l'énergie), devient très forte.

Les Six Sons de Guérison, et en particulier le son des poumons, facilitent l'échange et la circulation de l'énergie. Pour émettre le son des poumons, il vous faut lever les bras au-dessus de la tête et dégager les aisselles. La circulation et l'échange d'énergie dans les aisselles en seront facilités et les organes seront plus propres et plus ouverts.

Le son des reins permet aussi d'éliminer les mauvaises odeurs de transpiration. La faiblesse des reins explique que certains personnes transpirent au moindre mouvement ou dès qu'elles s'énervent. Leur reins ne parviennent pas à filtrer l'acide urique du corps pour le mettre en circulation dans le sang. Ce système de filtrage est défaillant en cas de faiblesse ou de maladie rénale et il s'ensuit un excès d'acide urique dans les reins et dans tout le corps. La transpiration devient alors malodorante. Lorsque l'excès d'eau se trouvant dans le corps ne peut en sortir par les reins, le stress gagne le corps, la personne est sujette à la peur, ce qui est reflété par une transpiration maladorante. En émettant le son des reins et en massant la zone concernée, par petites tapes sur les reins, vous pouvez décoller les particules d'acide urique prisonnières dans les filtres rénaux.

Il vous sera aussi d'un grand secours de masser les pieds dans la zone correspondant aux reins, en particulier le point de la source jaillissante sur la plante des pieds.

H. Le bâillement et autres manifestations physiologiques

Bâillements, rots et flatulences constituent des réactions normales pendant que vous pratiquez les Six Sons de Guérison ou dans les instants qui suivent. Bien que ces manifestations ne soient pas socialement appréciées, elles ont un effet bénéfique réel. Elles font partie du processus d'élimination de la mauvaise haleine, des gaz et de l'énergie chaude bloqués dans le système digestif. Quand vous inspirez, vous faites entrer de l'énergie vitale rafraîchissante dans l'œsophage et vous respirez dans les organes. En émettant le son correct sur l'expir, vous créez un échange d'énergie, vous amenez l'énergie positive aux organes et en chassez l'énergie négative.

On dépense à l'heure actuelle des millions dans le monde en médicaments contre l'acidité et en boissons gazeuses pour se libérer des gaz. Les Six Sons de Guérison permettent d'atteindre le même résultat plus efficacement et sans dépenser d'argent.

I. Votre propre énergie vitale est votre meilleur moyen de vous détoxiquer

La détoxication par les Six Sons de Guérison représente de loin l'un des meilleurs moyens de nettoyer des organes car il emploie à cette fin une énergie propre. Les gens dépensent beaucoup d'argent en plantes et en médicaments pour nettoyer et détoxiquer leurs organes. Très souvent, ces substances vont y pénétrer et s'y loger, ajoutant à l'intoxication. Chez certains, il se produira des flatulences, des diarrhées ou des selles nauséabondes, qui constituent aussi des signes de détoxication en cours.

J. Les larmes et la salive

La pratique des Six Sons de Guérison peut donner un autre signe de détoxication, équivalent aux bâillements et aux rots : le larmoiement. Le larmoiement prévient les maladies oculaires et nettoie les yeux. Un nettoyage sera en général suivi d'une sécrétion de salive, qui vous paraîtra fraîche et parfumée. Si vous salivez beaucoup, avalez la salive en collant la langue contre le palais, la gorge contractée.

K. Les sons pour améliorer la qualité des mouvements

L'énergie négative bloquée dans les organes peut les rendre tendus et douloureux à la contraction, ce qui ralentit beaucoup d'activités physiques. Les Six Sons de Guérison libèrent l'énergie bloquée dans les organes. Dans une étude, le docteur G. Goodheart, créateur d'une technique baptisée kinésiologie appliquée, montre que chaque grand muscle est en relation avec un organe. La faiblesse d'un muscle révèle en général un problème de niveau de l'énergie chi de l'organe correspondant.

Dans le système taoïste, tous les organes sont associés au mouvement et aux membres. En cas de blocage d'énergie dans un organe, de stagnation d'énergie négative ou d'émotions négatives, le mouvement des muscles associés à cet organe sera crispé, douloureux et limité. Les muscles sont comparables à des réservoirs d'énergie de secours pour les organes. Aussi, la qualité des mouvements du corps sera grandement entravée et limitée si les organes sont obstrués par des phénomènes de tension ou soumis à un stress. Il nous est apparu que nombre de nos étudiants ont amélioré la qualité de leurs mouvements en libérant leurs organes internes de leurs tensions par la pratique des Six Sons de Guérison.

Le diagramme ci-dessous présente en détail les organes, les muscles et les émotions associés à eux.

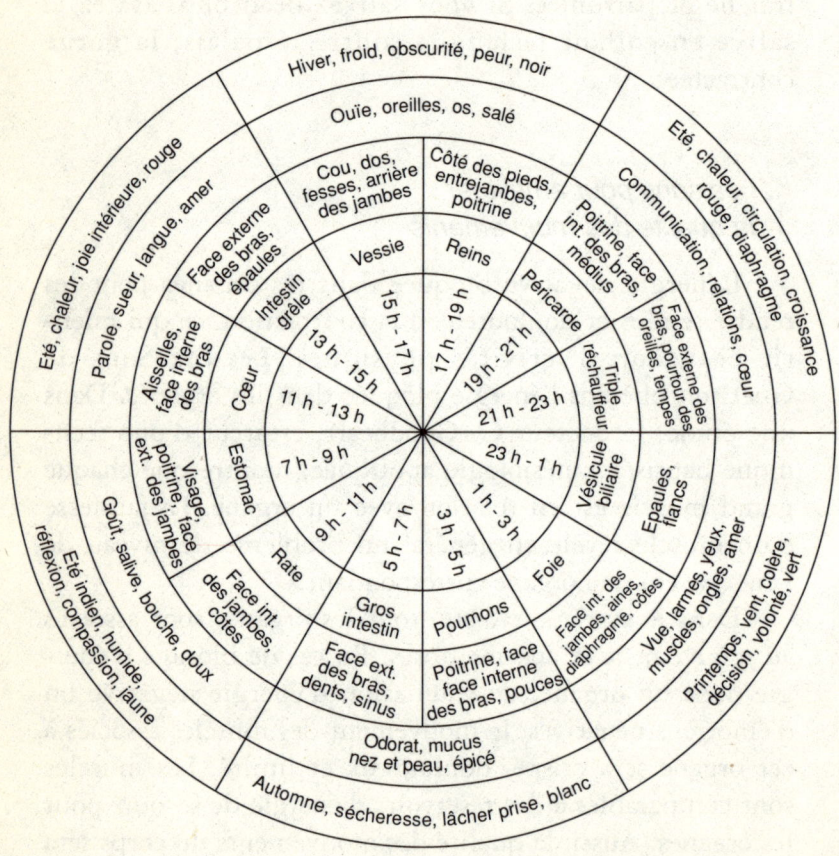

FIGURE SS 5

L'horloge du corps

II. La préparation aux Six Sons de Guérison

A. Pour obtenir le résultat optimum, soyez précis lorsque vous prenez la position et émettez le son correspondant à chaque organe.

B. Durant toutes les positions en expiration, vous regarderez vers le plafond, la tête rejetée en arrière. Vous créerez ainsi une voie directe de la bouche ouverte aux organes, en passant par l'œsophage, ce qui permet un échange d'énergie plus efficace.

C. Les sons sont émis de manière subvocale, c'est-à-dire qu'ils sont produits par les lèvres, les dents et la langue, mais ne sont entendus qu'intérieurement ; leur puissance en est augmentée. Chaque son est émis lentement et de façon régulière.

D. Veillez à pratiquer les exercices dans l'ordre indiqué pour mieux assurer une répartition égale de la chaleur dans le corps. Cet ordre suit celui, naturel, des saisons, de l'automne à l'été indien.

E. Attendez au minimum une heure après avoir mangé pour commencer les exercices. Toutefois, si vous souffrez de flatulences, de nausées ou de crampes d'estomac, vous pouvez pratiquer le son de la rate tout de suite après le repas.

F. Choisissez un endroit tranquille et décrochez le téléphone. Vous devez éliminer les sources de distraction jusqu'à ce que vous ayez développé une forte concentration intérieure.

G. Habillez-vous assez chaudement pour ne pas avoir froid pendant les exercices. Mettez des vêtements amples et défaites votre ceinture. Retirez vos lunettes et votre montre.

III. La position et la pratique

A. Asseyez-vous sur la « pointe des fesses » au bord d'une chaise. Vos parties génitales ne doivent pas reposer sur la chaise ; elles constituent un centre énergétique important (figure SS 6).

B. Les jambes sont écarées de la largeur des hanches et les pieds fermement posés sur le sol.

C. Le dos est droit, les épaules détendues ; rentrez la poitrine.

D. Gardez les yeux ouverts.

E. Posez les mains sur les cuisses, paumes vers le haut. Vous êtes prêt maintenant à commencer les exercices.

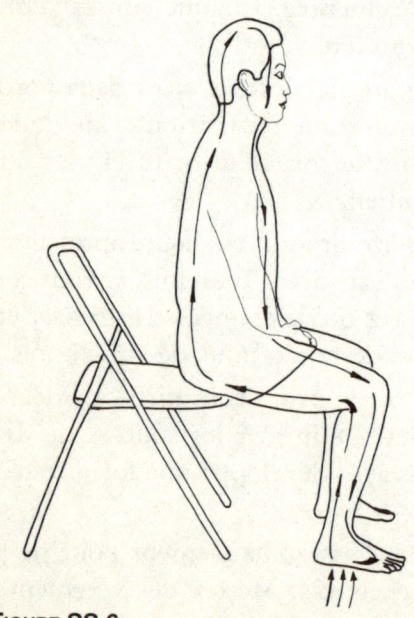

Figure SS 6
Asseyez-vous sur la pointe des fesses au bord d'une chaise.

IV. Exercice des poumons : premier son de guérison

A. Caractéristiques

Poumons
Organe associé : gros intestin
Elément : métal
Saison : automne — sécheresse
Emotions négatives : tristesse, peine, chagrin
Emotions positives : loyauté, acceptation, lâcher-prise, disponibilité, courage
Son : « SSSSSS »
Parties du corps : poitrine, face interne des bras, pouces
Sens : nez — odeur, mucus, peau
Goût : épicé
Couleur : blanc

Les poumons sont dominants en automne. Ils ont pour élément le métal, pour couleur associée, le blanc. Leurs émotions négatives sont le chagrin et la tristesse. Leurs émotions positives, le courage et la loyauté.

B. Position et pratique

1. Prenez conscience de vos poumons (figure SS 7).
2. Inspirez profondément et, en suivant le mouvement avec les yeux, levez les bras devant vous. Lorsque les mains arrivent à la hauteur des yeux, retournez les paumes et amenez-les au-dessus de la tête. Gardez les coudes pliés. Vous devriez éprouver un sentiment d'extension qui part de la base des paumes et se prolonge dans les avant-bras,

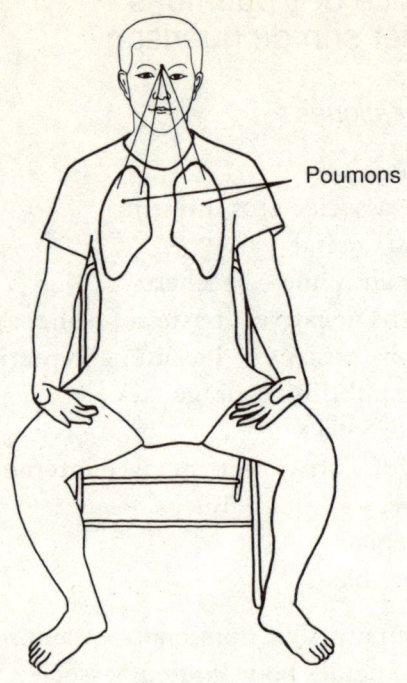

Figure SS 7
Prenez conscience de vos poumons

les coudes, les bras et les épaules. Les poumons et la poitrine vous donneront l'impression de s'ouvrir et la respiration sera plus facile (figures SS 8 et SS 9).

3. Serrez les mâchoires sans forcer, les dents du bas contre les dents du haut, mais les lèvres légèrement entrouvertes. Etirez les coins de la bouche, expirez et laissez le souffle passer entre les dents en formant le son « SSSSSSSS », subvocalement, lentement et régulièrement sur une seule expiration (figure SS 10).

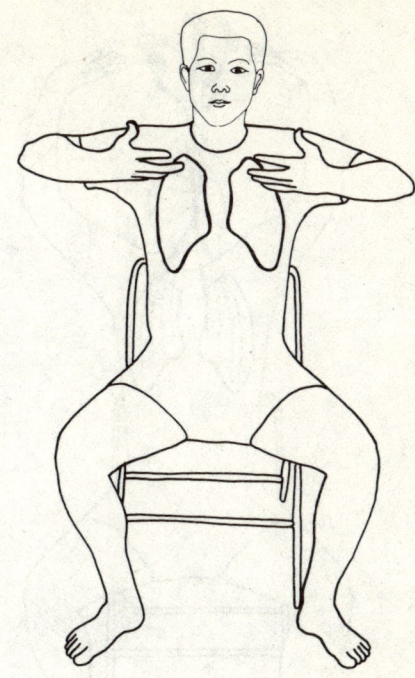

Figure SS8
Retournez les paumes et...

4. Sentez alors que la plèvre (poche enveloppant les poumons) est totalement comprimée et qu'elle expulse la « chaleur en excès », l'énergie malade, la tristesse, le chagrin et la peine (figure SS 11).

5. Quand vous arrivez au bout de l'expiration (sans forcer), retournez les paumes vers le bas, fermez les yeux et respirez dans les poumons pour les fortifier. Si vous avez des affinités avec les couleurs, vous pouvez imaginer une pure lumière blanche et la qualité de loyauté qui pénètrent

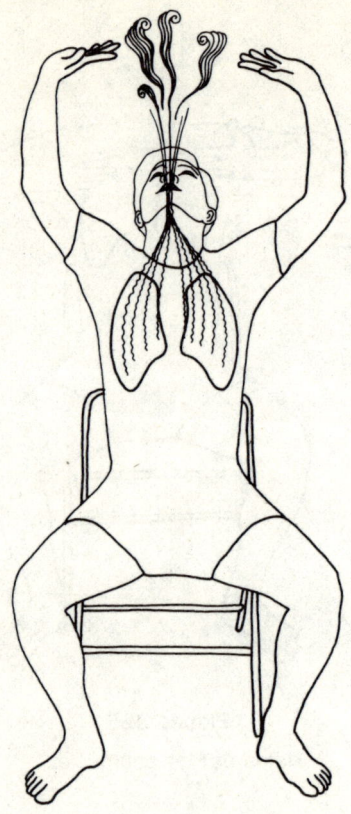

Figure SS 9
... amenez-les au-dessus de la tête.

partout dans vos poumons. Laissez descendre les bras en abaissant en douceur les épaules. Amenez lentement les mains sur les cuisses où elles vont reposer paumes vers le haut. Sentez l'échange d'énergie dans les mains et les paumes.

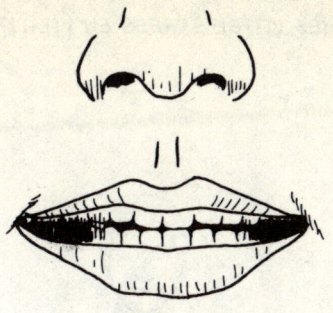

Figure SS 10

Position de la bouche pour le son des poumons
Les mâchoires sont serrées, les dents du haut touchent celles du bas.
Etirez les coins de la bouche.

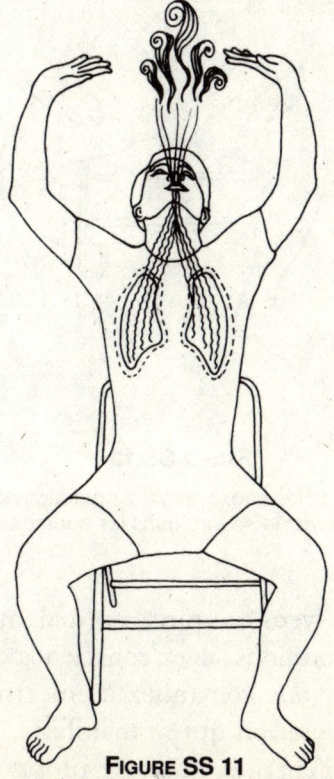

Figure SS 11

Imaginez et sentez la plèvre totalement comprimée.

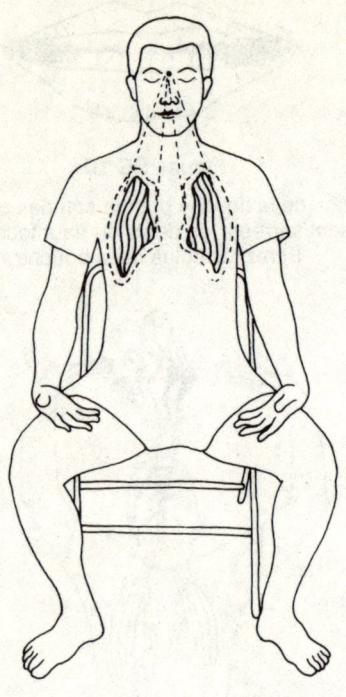

Figure SS 12
Fermez les yeux ; respirez normalement ;
envoyez le sourire dans les poumons.

6. Fermez les yeux, respirez normalement, envoyez le sourire dans les poumons ; ayez conscience de vos poumons et imaginez que vous continuez à émettre le son. Soyez attentif à toute sensation qui se manifeste. Essayez de percevoir l'échange d'énergie, l'énergie propre et fraîche remplaçant l'énergie chaude à éliminer (figure SS 12).

7. Lorsque votre respiration est calmée, répétez le processus de 3 à 6 fois.

8. Vous pouvez même répéter le son 9, 12, 18, 24 ou 36 fois en cas de rhume, grippe, mucosités, maux de dents, asthme, emphysème, si vous fumez ou si vous êtes en dépression, pour accroître l'ampleur de la respiration et des mouvements des bras, ou encore pour détoxiquer les poumons.

9. Le son des poumons peut vous aider à faire passer votre nervosité quand vous vous trouvez face à un public. Dans ce cas, émettez subvocalement le son des poumons plusieurs fois sans effectuer le mouvement des bras. Cela vous aidera à vous calmer. Le son du cœur et le Sourire Intérieur vous seront également utiles si le son des poumons ne suffit pas pour vous rendre votre sérénité.

V. Exercice des reins : deuxième son de guérison

A. Caractéristiques

> Reins
> Organe associé : vessie
> Elément : eau
> Saison : hiver
> Emotion négative : peur
> Emotions positives : bonté, vivacité, immobilité
> Son : « WOOOOOO »
> Parties du corps : côtés des pieds, face interne des jambes, poitrine
> Sens : ouïe, oreilles, os
> Goût : salé
> Couleur : noir ou bleu foncé

L'hiver est la saison des reins. Leur élément est l'eau, leur couleur le noir ou le bleu foncé. L'émotion négative est la peur et l'émotion positive, la bonté.

B. Position et pratique

1. Prenez conscience de vos reins (figure SS 13).
2. Joignez les jambes ; les chevilles et les genoux se touchent. Inspirez profondément en vous penchant en avant et réunissez vos mains en entrelaçant les doigts. Prenez les genoux dans vos mains et tirez en arrière sur les bras. Les bras tendus, sentez l'étirement que vous exercez sur la région des reins ; levez les yeux et renversez la tête en arrière sans forcer (figures SS 14 et SS 15).

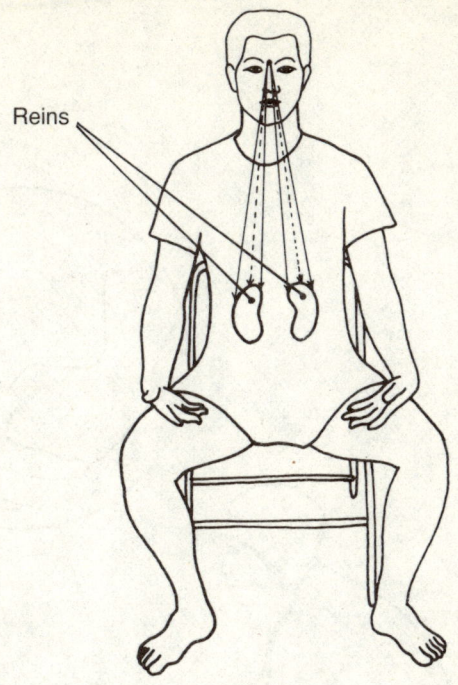

FIGURE SS 13
Prenez conscience de vos reins.

3. Formez un rond avec les lèvres et émettez en silence le son que vous produisez en soufflant une bougie. En même temps, contractez le milieu de l'abdomen, entre le sternum et le nombril, en direction de la colonne vertébrale. Imaginez la chaleur en excès, l'énergie humide, malade et la peur qui sont expulsées de la membrane entourant les reins (figures SS 16, SS 17 et SS 18).

4. Lorsque vous arrivez au bout de l'expiration, redressez-vous et respirez lentement dans les reins en imaginant

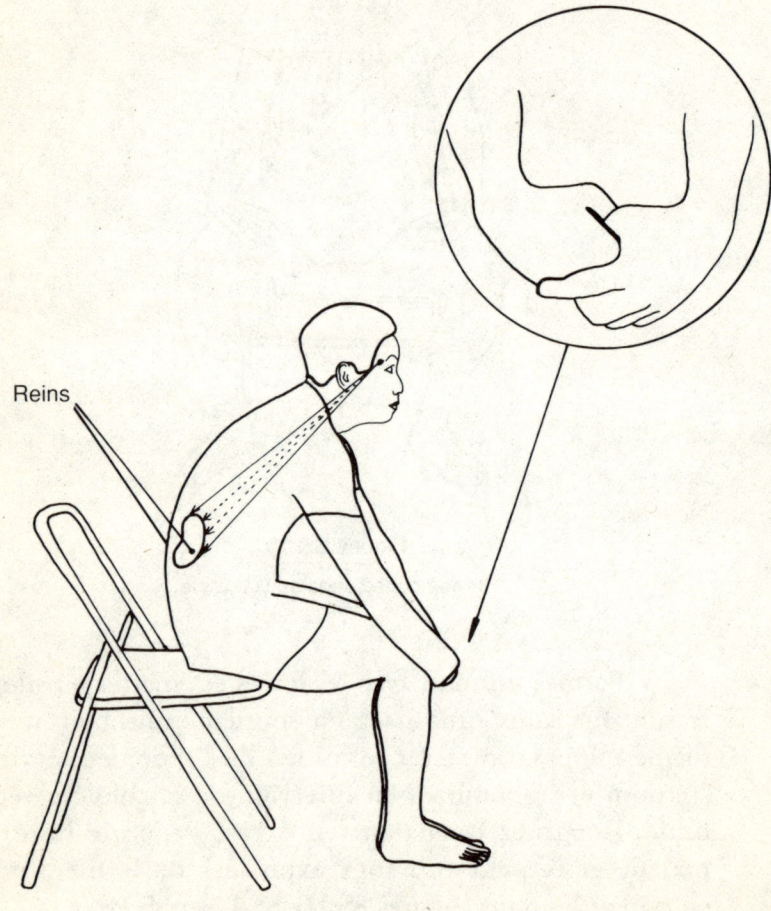

Figures SS 14 et SS 15
Prenez les genoux dans les mains

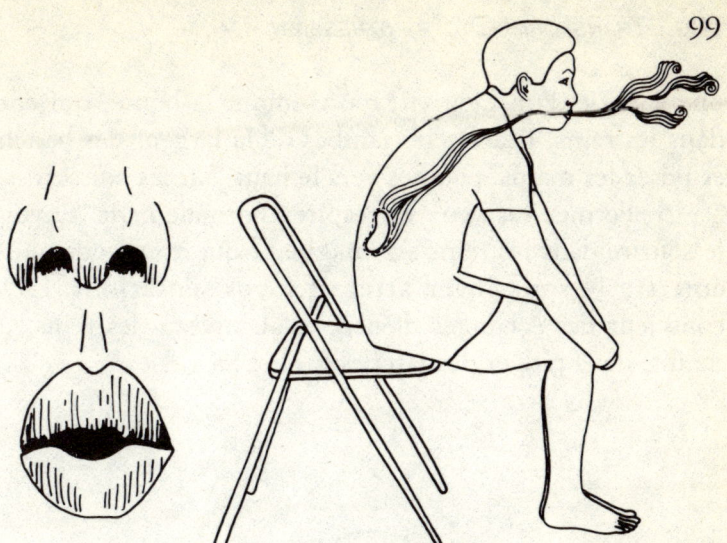

Figure SS 16 et SS 17

Formez un rond avec les lèvres et émettez le son que vous produisez en soufflant une bougie.

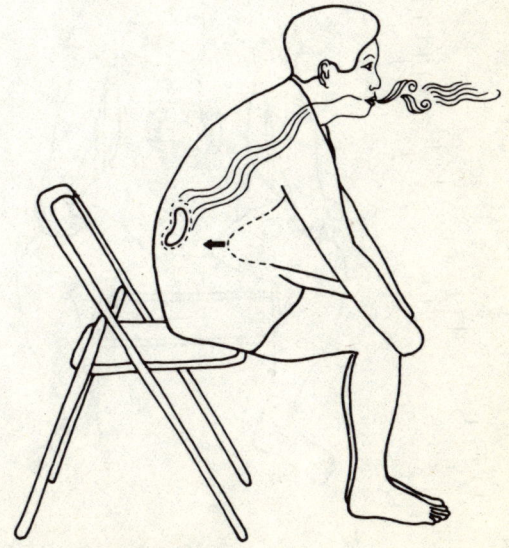

Figure SS 18

Contractez le milieu de l'abdomen en direction des reins

une énergie d'un bleu vif, représentant la bonté, qui entre dans les reins. Ecartez les jambes de la largeur des hanches et posez les mains, paumes vers le haut, sur les cuisses.

5. Fermez les yeux et respirez normalement. Envoyez le sourire dans les reins en imaginant que vous continuez à émettre le son. Soyez attentif à vos sensations. Soyez conscient des échanges d'énergies au niveau des reins, des mains, de la tête et des jambes (figure SS 19).

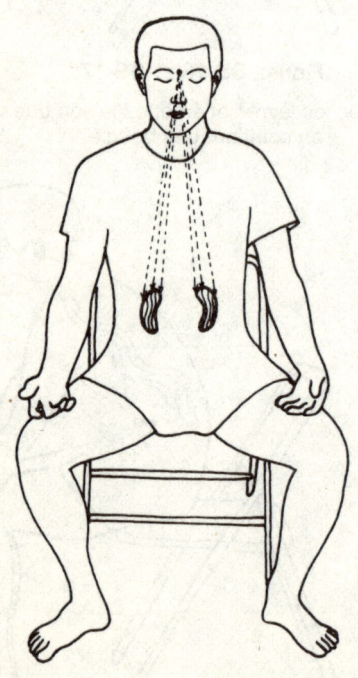

FIGURE SS 19
Fermez les yeux et envoyez le sourire dans les reins.

6. Lorsque votre respiration est redevenue normale, refaites l'exercice de 3 à 6 fois.

7. Vous pouvez répéter cet exercice de 9 à 36 fois en cas de douleurs dorsales, de fatigue, de vertiges, de bourdonnements d'oreilles ou pour détoxiquer les reins.

VI. Exercice du foie : troisième son de guérison

A. Caractéristiques

Foie
Organe associé : vésicule biliaire
Elément : bois
Saison : printemps
Emotions négatives : colère, agressivité
Emotions positives : gentillesse, expansion de soi, identité
Son : « CHHHHHH »
Parties du corps : face interne des jambes, aines diaphragme, côtes
Sens : vue, larmes, yeux
Goût : acide
Couleur : vert

Le foie est dominant au printemps. Son élément est le bois, sa couleur le vert. Son émotion négative est la peur, son émotion positive la gentillesse. Le foie est un organe particulièrement important.

B. Position et pratique

1. Prenez conscience de votre foie et sentez la connexion entre les yeux et le foie (figure SS 20).

2. Mettez les bras le long du corps, paumes tournées vers l'extérieur. Inspirez profondément en remontant lentement les bras au-dessus de la tête. Suivez le mouvement avec les yeux.

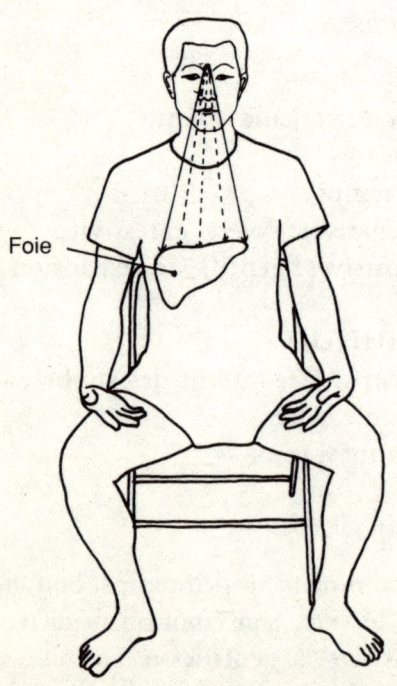

FIGURE SS 20
Prenez conscience de votre foie.

3. Entrelacez les doigts et retournez les paumes vers le plafond (figure SS 21). Poussez sur le bas des paumes (figure SS 22) et sentez l'étirement se prolonger dans les bras et dans les épaules. Penchez-vous légèrement vers la gauche en exerçant une traction douce sur le foie.

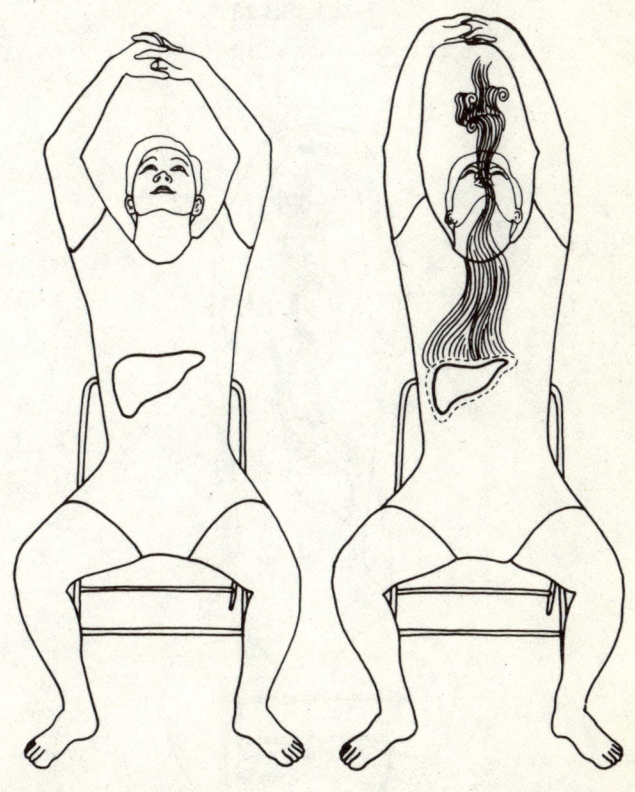

Figure SS 21
Entrelacez les doigts
et retournez les paumes.

Figure SS 22
Poussez sur la base des paumes.

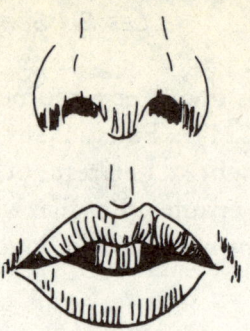

FIGURE SS 23

Expirez sur le son « CHHHHHH ».

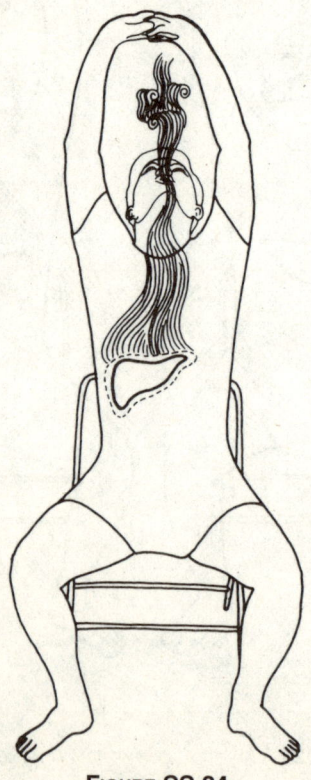

FIGURE SS 24

Sentez qu'une poche entoure le foie et qu'elle se comprime.

4. Expirez sur le son « CHHHHIIHH » (figure SS 23), émis subvocalement. Cette fois encore, visualisez et sentez la poche enveloppant le foie qui se comprime et expulse la chaleur en excès et la colère (figure SS 24).

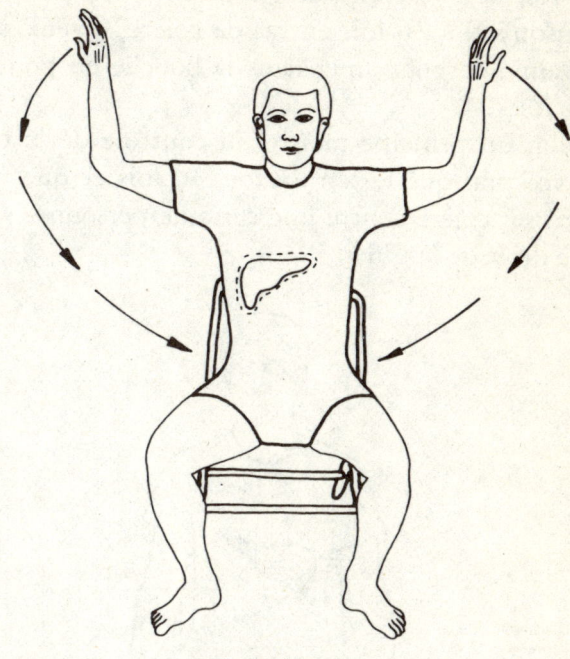

Figure SS 25
Poussez sur la base des paumes.

5. Lorsque vous arrivez au bout de l'expiration, relâchez les doigts et, en poussant sur la base des paumes (figure SS 25), respirez lentement dans le foie ; imaginez la qualité de la gentillesse, d'un vert vif, pénétrant dans le foie. Ramenez doucement les bras le long du corps en abaissant les épaules. Posez les mains sur les cuisses, paumes vers le haut et observez un temps de repos.

6. Fermez les yeux, respirez normalement et envoyez le sourire dans le foie en imaginant que vous continuez à émettre le son. Soyez attentif à vos sensations. Percevez les échanges d'énergie (figure SS 26).

7. Répétez l'exercice de 3 à 6 fois. Vous pouvez même aller jusqu'à 9 à 36 fois en cas de colère, d'yeux rouges et larmoyants, de goût amer dans la bouche ou pour détoxiquer le foie.

Selon un principe taoïste du contrôle de la colère, si vous avec pratiqué le son du foie 30 fois et que vous êtes toujours en colère contre une certaine personne, vous avez alors le droit de la gifler.

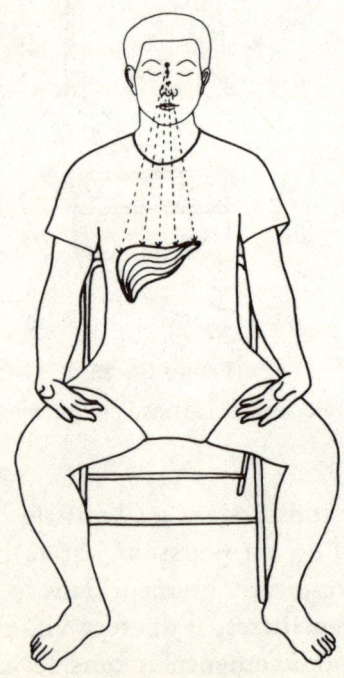

FIGURE SS 26
Fermez les yeux et envoyez le sourire dans le foie.

VII. Exercice du cœur : quatrième son de guérison

A. Caractéristiques

Cœur
Organe associé : intestin grêle
Elément : feu
Saison : été
Emotions négatives : impatience, arrogance, hâte, cruauté, violence
Emotions positives : joie, honneur, sincérité, créativité, enthousiasme, esprit, rayonnement, lumière
Son : « HOOOOOOO »
Parties du corps : aisselles, face interne des bras
Sens : langue, élocution
Goût : amer
Couleur : rouge

Le cœur travaille continuellement, à environ 72 battements par minute, 4320 par heure, 102 680 par jour. Ce travail produit naturellement de la chaleur, qui est dispersée par la poche enveloppant le cœur : le péricarde. Dans l'optique taoïste, l'importance du péricarde est telle qu'il est considéré comme un organe en lui-même.

B. Position et pratique

1. Prenez conscience de votre cœur et sentez la connexion entre la langue et le cœur (figure SS 27).
2. Inspirez profondément et prenez la même position que pour le son du foie (figure SS 28), mais en vous penchant légèrement vers la droite (figure SS 29).

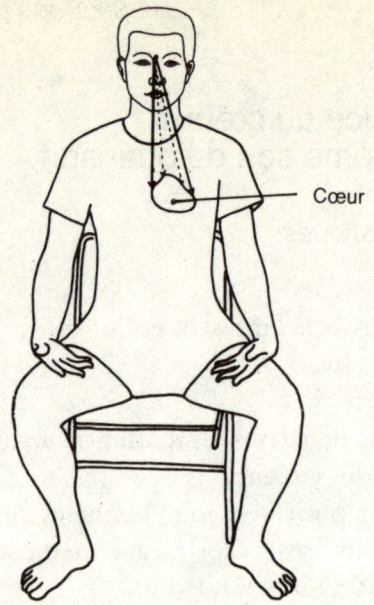

Figure SS 27

Prenez conscience du cœur.

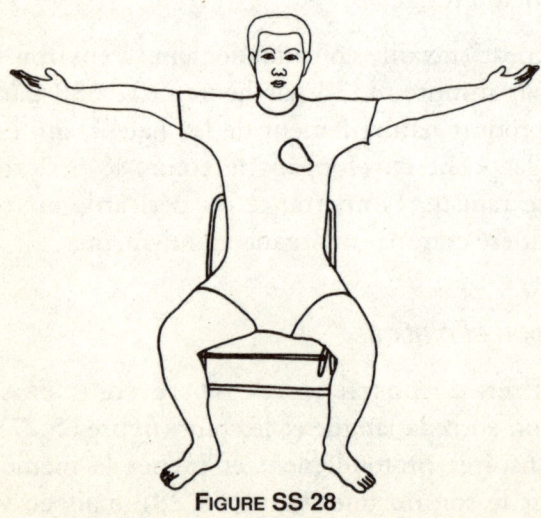

Figure SS 28

Prenez la même position que pour le son du foie

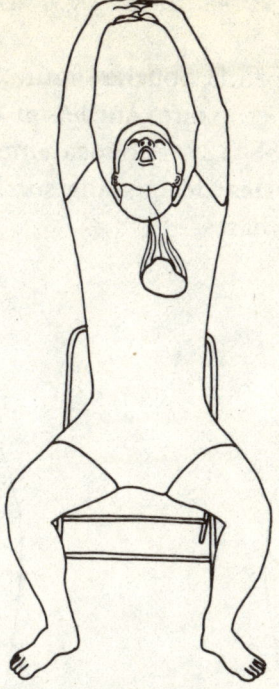

Figure SS 29

Accentuez la poussée avec le bras gauche.

Figure SS 30

La bouche est ouverte, les lèvres forment un rond.

3. Ouvrez un peu la bouche (figure SS 30), formez un rond avec les lèvres et expirez sur le son « HOOOOOOO » (figures SS 31 et SS 32), subvocalement, tout en vous représentant le péricarde laissant sortir chaleur, impatience, arrogance et hâte.

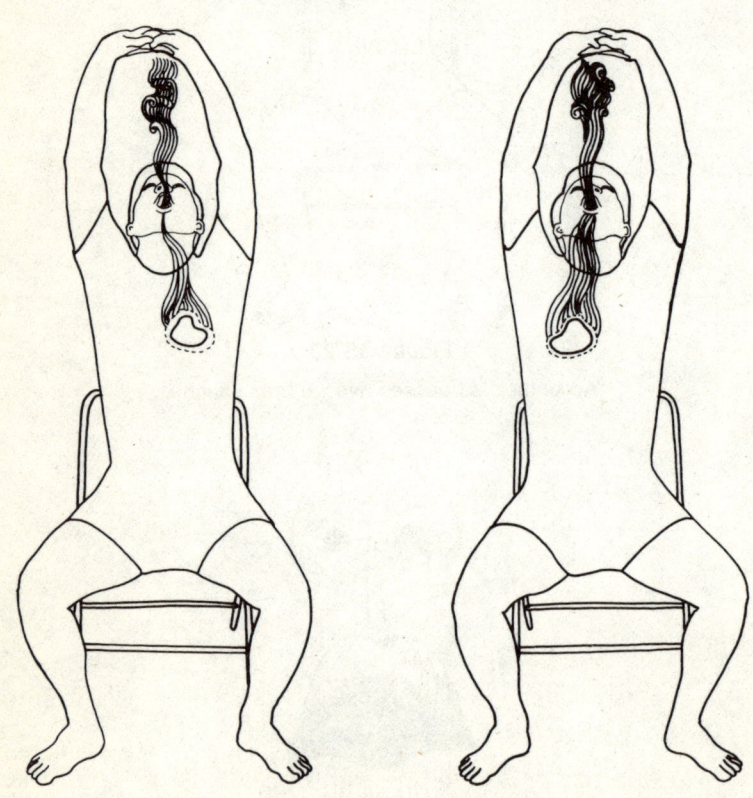

FIGURES SS 31 ET SS 32
Ouvrez un peu la bouche, formez un rond avec les lèvres et expirez sur le son « HOOOOOOO ».

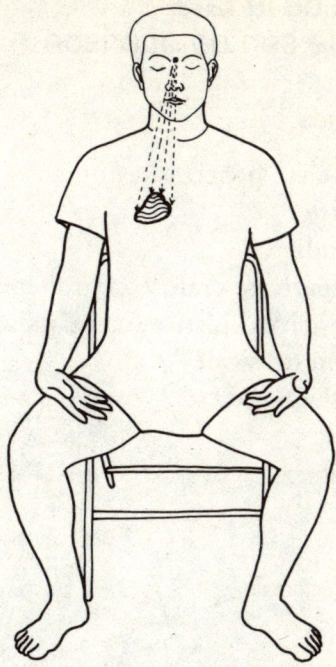

FIGURE SS 33
Fermez les yeux et envoyez le sourire dans le cœur.

4. Pour la suite, suivez le même processus que pour le son du foie, mais en portant votre attention sur le cœur (figure SS 33) et en imaginant un rouge vif associé aux qualités de joie, d'honneur, de sincérité et de créativité qui pénètrent dans votre cœur.

5. Répétez l'exercice de 3 à 6 fois. Vous pouvez aussi le faire de 9 à 36 fois en cas de maux de gorge, de refroidissement, de gingivite, de maladie ou de douleurs cardiaques, de nervosité, de mauvaise humeur et pour détoxiquer le cœur.

VIII. Exercice de la rate : cinquième son de guérison

A. Caractéristiques

> Organes associés : pancréas, estomac
> Elément : terre
> Saison : été indien
> Emotions négatives : crainte, apitoiement
> Emotions positives : justice, compassion, centrage, inspiration musicale
> Son : « OUOUOUOU »
> Goût : neutre
> Couleur : jaune

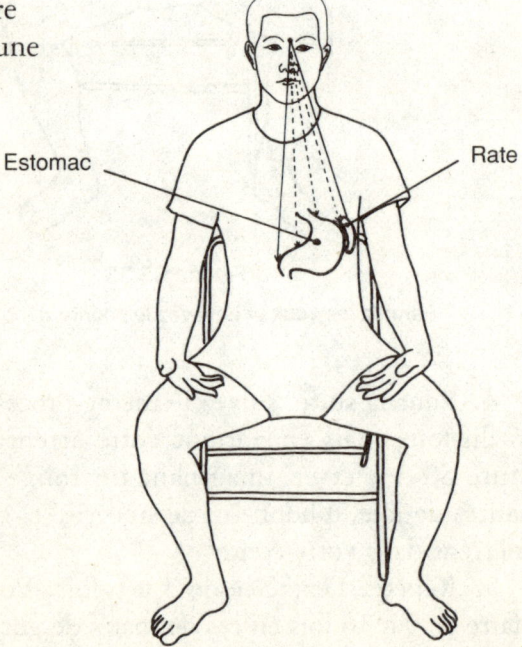

Figure SS 34
Prenez conscience de la rate.

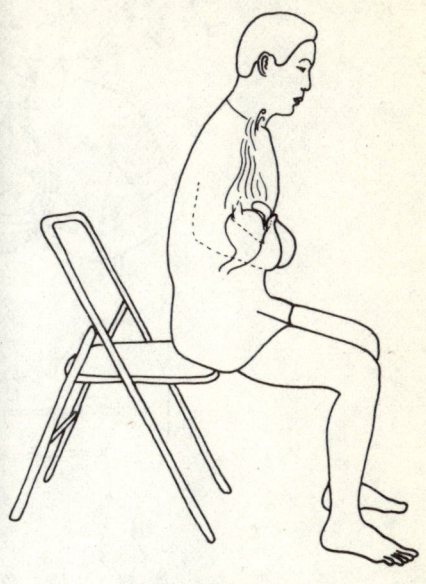

Figure SS 35
Inspirez profondément.

Figure SS 36
Posez les mains sur le sternum, les index en bas et lègérement à gauche.

B. Position et pratique

1. Prenez conscience de la rate; sentez la connnexion entre la bouche et la rate (figure SS 34).

2. Inspirez profondéement en posant les mains sur le sternum (fig. SS 35), les index en bas et légèrement à gauche (fig. SS 36). Appuyez avec les doigts en même temps que vous poussez en arrière le milieu du dos (fig. SS 37).

3. Expirez sur le son « OUOUOUOU » émis subvocalement (figure SS 38) et sentez-le dans les cordes vocales (figure SS 39). Expulsez l'excès de chaleur, d'humidité et de moiteur, ainsi que la crainte et l'apitoiement.

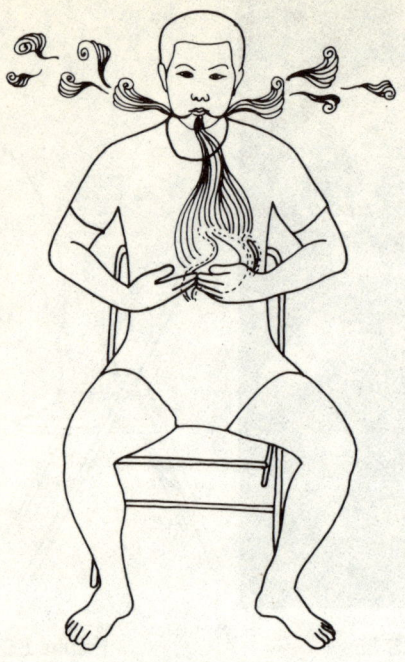

Figure SS 37
Appuyez avec les doigts.

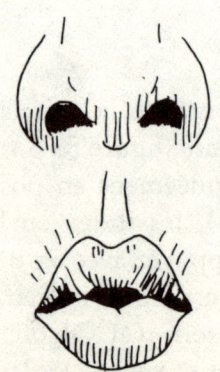

Figure SS 38
Expirez sur le son « OUOUOUOU ».

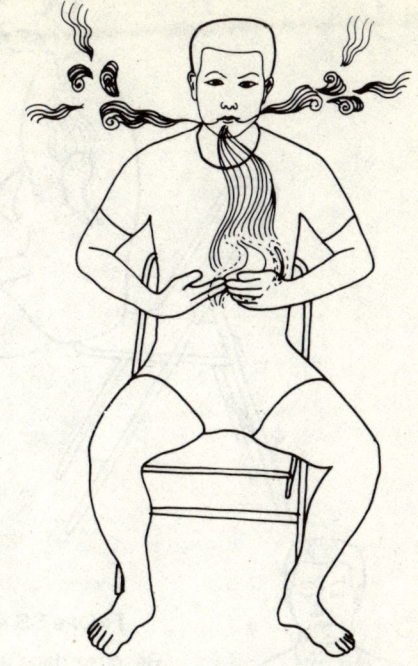

Figure SS 39
Sentez le son dans les cordes vocales.

4. Respirez dans la rate, l'estomac et le pancréas (figure SS 40), ou imaginez une vive lumière jaune et les qualités de justice, compassion, centrage et inspiration musicale qui pénètre en eux.

5. Ramenez lentement les mains sur les genoux, paumes vers le haut.

6. Fermez les yeux, respirez normalement et imaginez que vous continuez à émettre le son. Soyez attentif à vos sensations et aux échanges d'énergie (figure SS 41).

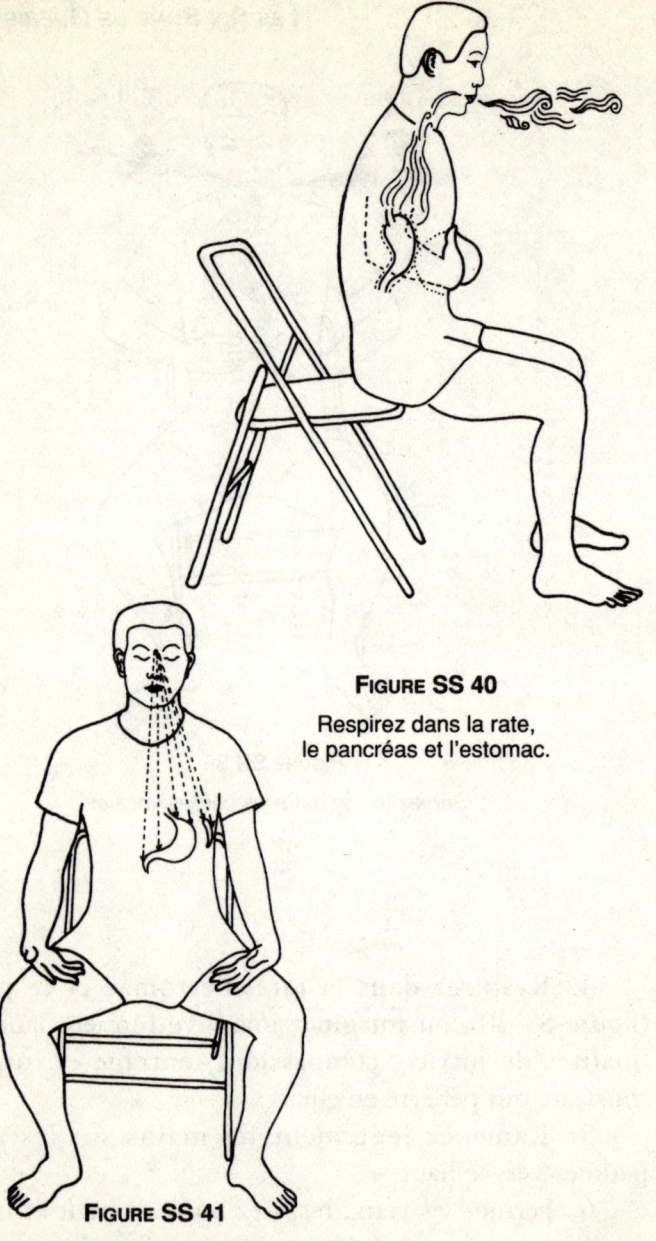

FIGURE SS 40
Respirez dans la rate,
le pancréas et l'estomac.

FIGURE SS 41
Fermez les yeux et envoyez le sourire dans la rate,
le pancréas et l'estomac.

7. Répétez l'exercice de 3 à 6 fois.

8. Répétez-le même de 9 à 36 fois en cas d'indigestion, de nausées, de diarrhée et pour détoxiquer la rate. Ce son, utilisé en combinaison avec les autres, se révèle plus efficace et plus sain que les médicaments contre l'acidité. Seul, il peut être pratiqué tout de suite après le repas.

IX. Exercice du triple réchauffeur (ou circulation sexuelle) : sixième son de guérison

A. Caractéristiques

Le triple réchauffeur est en rapport avec les trois centres d'énergie du corps. Le niveau supérieur, qui comporte le cerveau, le cœur et les poumons, est chaud. La section médiane, foie, reins, estomac, pancréas et rate, est tiède. Le niveau inférieur, comprenant les intestins, la vessie et les organes sexuels, est froid. Le son du triple réchauffeur équilibre la température en amenant, par le tractus intestinal, de l'énergie chaude au centre inférieur et de l'énergie froide au centre supérieur. Ce son permet un sommeil profond et relaxant. De nombreux étudiants ont réussi à se délivrer d'une longue dépendance à l'égard des somnifères par la pratique de ce son. Il se révèle aussi très efficace contre le stress.

Il n'y a ni saison, ni couleur, ni émotion associées au triple réchauffeur.

B. Position et pratique

1. Etendez-vous sur le dos. Surélevez les genoux au moyen d'un coussin en cas de douleur dorsale ou lombaire.
2. Fermez les yeux et inspirez profondément en ouvrant l'estomac et la poitrine sans forcer (figures SS42 et SS 43).
3. Expirez sur le son « HIIIIIIIIII » (figure SS 44), émis subvocalement, tout en imaginant un gros rouleau vous comprimant du haut de la poitrine jusqu'au bas de

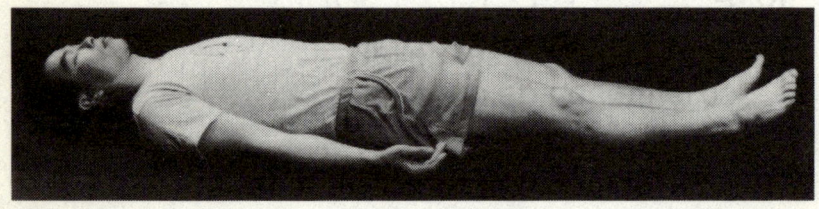

FIGURE SS 42
Allongez-vous sur le dos ; fermez les yeux ; inspirez profondément.

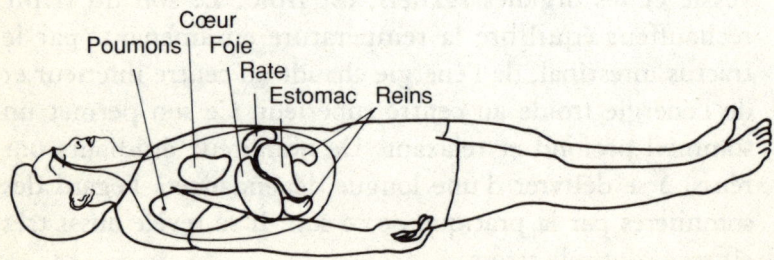

FIGURE SS 43
Localisation des organes

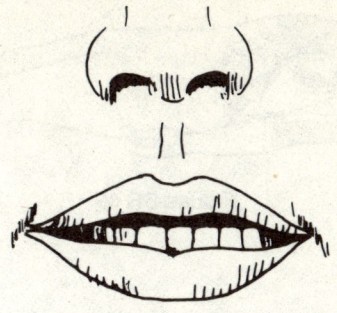

Figure SS 44

l'abdomen pour chasser l'air de votre corps. Imaginez la poitrine et l'abdomen devenant plats comme une feuille de papier et sentez-vous léger, clair et vide (figures SS 45, SS 46, SS 47, SS 48). Reposez-vous ensuite en respirant normalement.

4. Répétez cet exercice de 3 à 6 fois, ou davantage si vous êtes encore complètement réveillé. Le son du triple réchauffeur peut aussi être utilisé pour se détendre, sans s'endormir. Dans ce cas vous pratiquez allongé sur le côté ou assis sur une chaise (figure SS 50).

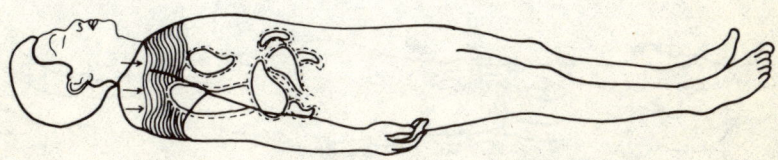

Figure SS 45

Figure SS 46

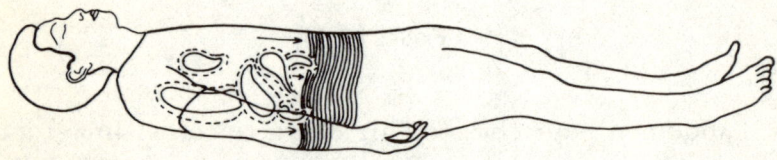

Figure SS 47

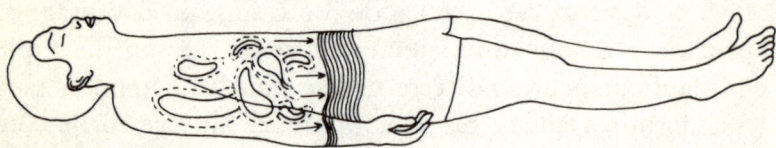

Figure SS 48

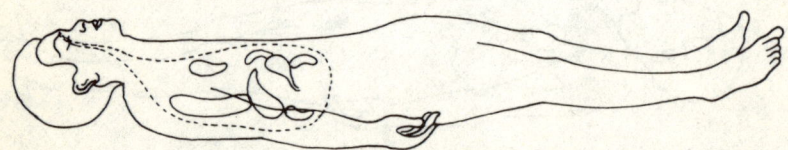

Figure SS 49
Reposez-vous en respirant normalement.

LES SIX SONS DE GUÉRISON 121

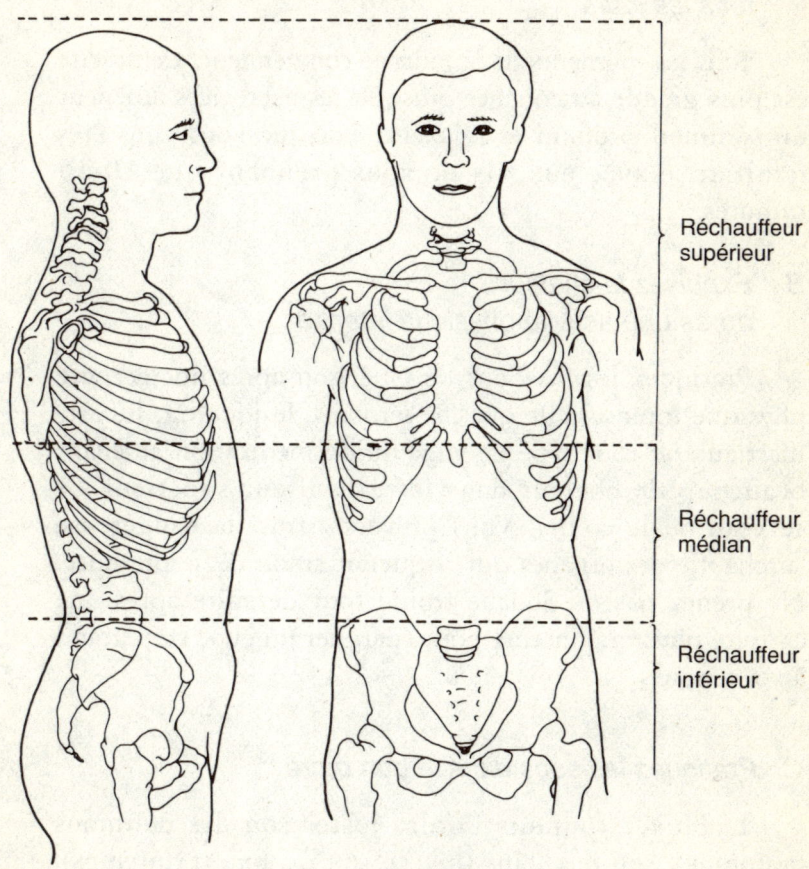

FIGURE SS 50
Le triple réchauffeur

X. La pratique quotidienne

A. Essayez de pratiquer les Six Sons de Guérison tous les jours

Tous les moments de la journée conviennent. L'efficacité est plus grande au coucher puisque ces exerccices amènent un sommeil profond et relaxant. Lorsque vous vous êtes familiarisé avec eux, ils ne vous prennent que 10-15 minutes.

B. Expulsez la chaleur après une activité physique intense

Pratiquez les Six Sons de Guérison après une activité physique intense telle que les aérobics, le jogging, les arts martiaux ou tout type de yoga ou de méditation amenant beaucoup de chaleur dans le réchauffeur supérieur (le cerveau ou le cœur). Vous prévenez ainsi la dangereuse surchauffe des organes qui risquerait sinon de se produire. Ne prenez pas de douche froide tout de suite après une activité physique intense pour épargner un choc trop grand à vos organes.

C. Pratiquez les sons dans le bon ordre

1. Suivez toujours l'ordre juste : son des poumons (automne), son des reins (hiver), son du foie (printemps), son du cœur (été), son de la rate (été indien), son du triple réchauffeur.

2. Si vous avez un problème avec un organe particulier ou avec un symptôme lié à cet organe, répétez davantage de fois le son correspondant sans pratiquer toute la série.

D. Saison, organe et son

Un organe travaille davantage et produit par conséquent plus de chaleur durant la saison où il est dominant. Pour cette raison, répétez un plus grand nombre de fois l'exercice qui lui correspond. Par exemple, répétez le son du foie de 6 à 9 fois au printemps, en vous contentant de 3 à 6 fois pour les autres sons.

Si vous êtes vraiment à court de temps ou très fatigué, ne pratiquez que les exercices des poumons et des reins.

E. La prise de contact pendant la période de repos

La période de repos entre chaque son a son importance. Mettez-la à profit pour faire le contact avec vos organes et en prendre davantage conscience. Souvent, pendant que vous vous reposez en envoyant le sourire dans un organe, vous pouvez sentir les échanges d'énergie chi dans l'organe, les mains et les jambes. La tête perçoit aussi le flux de l'énergie. Prolongez ces périodes de repos autant que vous le désirez.

5

La sagesse taoïste dans la vie quotidienne

I. Souriez pour vous délivrer du stress

Pensez toujours à sourire sincèrement avec les yeux et à emplir votre cœur d'amour. Cela agit comme une médecine préventive. Lorsque vous êtes triste, fâché, en larmes, déprimé ou nerveux, vos organes sécrètent des poisons, alors qu'ils produisent une substance comparable au miel et favorable à la santé quand vous êtes heureux et que vous souriez.

C'est un lieu commun que de dire que la vie moderne est mouvementée. On ne compte plus les personnes qui terminent couramment leur journée de travail avec une migraine. Toutes ces pressions qui s'accumulent partout autour de vous et en vous appellent à « prendre des mesures ». Curieusement, ce qu'il faut faire consiste à ne rien faire. Lorsque vous vous trouvez dans une situation éprouvante, quelle qu'elle soit, vous devez apprendre à rester en dehors. Pour y parvenir, souriez. Par cet acte tout simple, le monde est transcendé et ce qui, autrement, aurait posé problème, semble n'être jamais arrivé.

Au début, il peut paraître très difficile de saisir pleinement les effets du Sourire Intérieur et même simplement de mener à bien cette expérience nouvelle. Cependant, avec une certaine pratique, vous l'intégrerez dans votre vie.

Où que vous soyez — debout, assis ou en train de marcher — songez à sourire, à vous relaxer, à emplir votre cœur d'amour et à laisser ce sentiment d'amour se répandre dans tout votre corps. C'est très simple et pourtant très efficace. Contentez-vous de cultiver un cœur enclin à la paix et aimant, de n'être pas avare de vos sourires et vos problèmes fondront comme neige au soleil.

II. Réfléchissez avant de parler

Parlez moins ; choisissez soigneusement vos paroles, ainsi que le moment et la manière de les dire. Parler de façon réfléchie s'avère être une bénédiction pour tout le monde et moins parler est un moyen de conserver le chi.

III. Inquiétez-vous moins et agissez plus

Essayez de moins penser au futur et au passé, car ils nourrissent les soucis et les soucis causent du stress.

Concentrez-vous plutôt, chaque fois que cela est possible, et cultivez des attitudes d'aide et de pardon dans votre vie quotidienne. (Rappelez-vous que la concentration se produit en vous et que vous ne pouvez pas la produire.)

IV. Cultivez la puissance du mental

Les méthodes taoïstes incluent le développement de la puissance du mental : Le mot correspondant à esprit signifie aussi cœur dans plusieurs langues orientales dont le chinois. Lorsque vous atteignez un niveau d'évolution où vous êtes détaché des ambitions personnelles, lorsque vous êtes capable de vous oublier vous-même et de développer votre cœur, vous disposez des moyens de vous libérer de la maladie.

Quand vous êtes malade et que vous méditez, ne pensez pas que vous échappez à votre maladie par la méditation. Concentrez-vous plutôt simplement sur le point ou la méthode qui vous a été indiqué et tout le reste disparaîtra.

V. Contrôlez votre vie sexuelle ; ne la laissez pas vous contrôler

Acquérez la maîtrise de votre activité sexuelle. Des éjaculations trop fréquentes réduiront de manière importante votre réserve de chi et votre capacité à vous concentrer.

Le mental est perturbé par la nourriture qui lui vient par l'entremise des yeux, des oreilles, de la bouche, du nez et de l'esprit, c'est-à-dire des sens. Lorsque nous sommes jeunes et exposés à une littérature sexuellement stimulante, nous ne sommes pas encore préparés à y réagir d'une façon qui nous permette de conserver notre énergie. C'est pourquoi je vous conseille de vous concentrer sur votre pratique quotidienne et d'éviter les « distractions ».

VI. Respectez votre tête ; tenez vos pieds au chaud

Ayez pour votre tête un grand respect. Considérez-la comme le temple de Dieu et de l'esprit. Considérez-la comme le temple de l'âme et le centre de contrôle principal des organes vitaux. Voici une régle à suivre : « Tête froide, pieds chauds. » Elle vous permettra de ne pas accumuler trop d'énergie dans la tête, ce qui peut vous causer des désagréments et éventuellement une maladie. L'énergie montant en excès à la tête peut entraîner de l'hypertension. Faire descendre l'énergie dans les pieds peut soulager la pression et, en gardant les pieds chauds, vous pouvez vous prémunir contre la crise cardiaque. Prenez donc soin de frictionner vos pieds avec les mains et de les garder au chaud. Lorsque vous avez terminé, vous devez toujours rassembler l'énergie dans le nombril et le garder également au chaud.

VII. Tenez votre cou au chaud

Le cou comporte de nombreux vaisseaux sanguins et nerfs importants et assure la liaison avec cette partie essentielle de votre corps qu'est la tête. Traitez-le donc aussi avec considération. Gardez-le chaud et souple en le parcourant d'un sourire.

Ne faites pas un usage excessif de vos sens. Ne regardez ni n'écoutez quelque chose trop longtemps sans interruption. Un usage immodéré des sens peut conduire à la maladie.

Avec des abus de nourriture et de boisson, vous nuirez également à votre santé.

En pensant à avaler votre salive plusieurs fois dans la journée, vous pourrez prolonger votre vie et éviter la maladie. Ne vous exposez pas au vent après avoir transpiré ou pris un bain.

Remplacez le chi non purifié qui se trouve dans votre corps par du chi pur et neuf en pratiquant l'Orbite Microcosmique et en ouvrant chacun des 32 canaux.

En donnant satisfaction aux divinités à l'intérieur de vous, vous pourrez, avec le temps, aller vers l'immortalité.

VIII. Mangez avec sagesse

Ne vous suralimentez pas au point de vous sentir engorgé ensuite et de devoir vous allonger ou rester assis un long moment, car une telle pratique raccourcit à coup sûr votre vie. Mangez à satiété, puis faites une petite marche.

Abstenez-vous de toute nourriture le soir avant d'aller vous coucher.

Mangez plus souvent et par petites quantités. Ainsi, vous serez assuré d'une digestion correcte et de ne pas surcharger vos cinq organes majeurs.

Aux repas, commencez par les aliments chauds, puis prenez les aliments moins chauds et, s'il n'y a pas d'aliments froids, buvez de l'eau froide. Avant le repas, prenez toujours une petite inspiration et avalez de l'air.

Insistez sur les aliments épicés au printemps, acides en été, amers en automne, et mangez moins salé en hiver, mais tout cela sans excès.

En général, la nourriture est meilleure cuite que crue et mieux vaut manger moins que trop.

Lorsque vous avez trop mangé, veillez à ne pas boire trop d'eau et à ne pas l'avaler trop vite.

En mangeant à satiété après avoir eu longtemps faim, vous vous exposez à une indigestion.

Ne mangez pas de fruits crus l'estomac vide, car vous provoquez un échauffement au-dessus du diaphragme.

Des légumes crus pris en excès peuvent altérer un teint de bonne santé.

IX. Des excès à éviter

La marche, lorsqu'elle est trop prolongée, peut nuire aux tendons ; rester assis trop longtemps est mauvais pour la chair ; rester debout trop longtemps est mauvais pour les os ; rester couché trop longtemps est mauvais pour l'énergie vitale.

La colère, le chagrin, l'apitoiement et la mélancolie sont nuisibles, de même que la joie ou le plaisir en excès. Souffrir est mauvais, ainsi que l'abstinence sexuelle et l'anxiété. En un mot, il est mauvais de ne pas cultiver la modération.

X. La joie augmente le chi

Une grande joie permet au niveau de chi vital de monter en flèche.

Une grande tristesse bloque le flux de chi.

Vous risquez d'épuiser votre énergie vitale avec une activité sexuelle trop inportante.

En avalant la salive, vous en augmentez les qualités. Lorsqu'elle n'est pas avalée, elle perd en force.

En cas de maladie, ne vous couchez pas avec la tête au nord.

En parlant beaucoup tout de suite au réveil, vous perdez de l'énergie vitale.

XI. Soins de santé selon les saisons

En hiver, veillez à ce que vos pieds soient au chaud et à ce que la tête soit froide. Au printemps et en automne, le froid est bon pour les deux.

Lorsque vous êtes malade et que vous transpirez, ne buvez pas d'eau froide car cela nuirait à votre cœur et à votre estomac.

Couchez-vous en regardant vers l'est au printemps et en été, et en regardant vers l'ouest en automne et en hiver.

Pour éviter la maladie, un maître urine accroupi avant de manger et debout après les repas.

Pour dormir, couchez-vous sur le côté, les genoux repliés. Vous augmentez ainsi votre énergie vitale.

En été et en automne, couchez-vous et levez-vous tôt ; en hiver, couchez-vous tôt et levez-vous tard ; et au printemps, couchez-vous avant la tombée de la nuit et levez-vous tôt.

A l'aube, à midi, pendant l'après-midi, au crépuscule et à minuit, brossez-vous les dents et rincez-vous la bouche sept fois ; vous accroîtrez ainsi votre espérance de vie et vous fortifierez vos os, vos dents, vos muscles, vos ongles et vos cheveux.

Les Editions JOUVENCE

A l'aube du prochain millénaire, nous sommes de plus en plus nombreux à aspirer à une nouvelle qualité d'existence. Nous voulons vivre l'expérience de notre vie plus proche de nous-même, plus proche de notre corps, plus proche d'autrui, plus proche de la nature.

Les Editions Jouvence veulent contribuer à apporter à chacun les éléments essentiels pour entreprendre cette démarche vers plus d'écoute globale pour retrouver le guide qui est en chacun de nous, ceci tant sur le plan physique que sur les plans émotionnel, mental et spirituel.

C'est ainsi que les Editions Jouvence articulent leur message sur les quatre éléments suivants:

- Terre de Jouvence
- Eau de Jouvence
- Air de Jouvence
- Feu de Jouvence

Terre de Jouvence: C'est l'élément physique, de tout ce qui est en rapport avec le corps. Vous y trouverez des titres sur l'alimentation et le corps dans une approche qui privilégie le qualitatif et l'ouverture à une diététique de santé et de bonheur.

Eau de Jouvence: C'est l'aspect émotionnel de l'individu, c'est aussi la santé au sens large si l'on considère qu'elle est souvent le résultat de l'équilibre de nos émotions.

Air de Jouvence: C'est au niveau du plan mental que cette collection rassemblera les titres relatifs au développement personnel.

Feu de Jouvence: Vous y trouverez des relations, des démarches et des expériences spirituelles qui seront des repères dans votre propre évolution.

Déjà paru aux Editions JOUVENCE

«Apprivoiser la Tendresse»
Jacques Salomé

♦

«Les Mémoires de l'Oubli»
Jacques Salomé et Sylvie Galland

♦

«La Méthode Kousmine»
Dr Kousmine et les médecins de
l'Association Kousmine

♦

«Le Manuel du Guérisseur»
Georgina Regan et Debbie Shapiro

♦

«Au-Delà du Jeu de l'Amour et du Hasard»
Robert Scheid

♦

«Les Secrets de la Perception»
Hal Zina Bennett

♦

«30 Jours pour le Bonheur par la Visualisation»
Liah Kraft-Kristaine

Achevé d'imprimer en Mars 1990
sur les presses de l'Imprimerie CHEVALLIER
à La Roche-sur-Foron
(Haute-Savoie)